Tu as du prix aux yeux de Dieu

Frère Benjamin

Avec la collaboration de Marine Tertrais

Tu as du prix aux yeux de Dieu

ARTÈGE

Éditions Artège
9 espace Méditerranée – 66000 Perpignan
10 rue Mercœur – 75011 Paris

www.editionsartege.fr

ISBN : 979-10-336-1363-3
EAN Epub : 9791033614173

Au Saint-Esprit le grand oublié de notre foi,
à la très Sainte Vierge Marie,

à mes confrères Salésiens,
à mes collègues de Giel Don Bosco,
à mes élèves,

à mes abonnés,

à ma brave mère,
à tous mes frères et sœurs et nombreux neveux et nièces.

Préambule
Pourquoi ce livre ?

Cher lecteur, si j'ai accepté de partager mon histoire, ce n'est pas qu'elle soit exceptionnelle, mais mon parcours de vie, mon long chemin de conversion, cet itinéraire semé de souffrances, de doutes, mais aussi de joies, pourra peut-être aider à affronter plus légèrement la vie, à surmonter certaines épreuves et également à ouvrir un chemin d'espérance.

Ce dont je suis certain, c'est que l'on écoute toujours mieux quelqu'un quand il nous raconte des histoires. Jésus ne s'y prenait pas autrement pour enseigner les foules. Les vérités les plus fondamentales de la foi se comprennent souvent grâce à des histoires. Quand on écoute une personne nous raconter sa vie, on fait naturellement des rapprochements avec notre propre histoire. Pour les esprits qui flânent et butinent, comme le mien, les récits et les témoignages accrochent mon attention. J'ai lu de nombreuses biographies et ces récits ont eu plus d'impacts sur ma vie intérieure que des lectures plus laborieuses de philosophie ou de théologie fondamentale.

Cela fait maintenant un certain nombre d'années que l'on m'invite à témoigner auprès des jeunes. J'accepte de raconter mon parcours de vie et de foi parce que je sais que le partage de nos expériences peut être très enrichissant. Quand je reviens sur mes errements, mes peines, et sur la manière dont le Christ a agi dans ma vie, comment il m'a conduit de conversion en conversion, je vois bien que cela interpelle profondément mon auditoire.

Par ailleurs, je pense avoir quelques dispositions à la contemplation. J'aime observer, analyser les situations, m'émerveiller. Tout comme être connecté à ce que je vis, à ce que je ressens, avec un goût pour la relecture de ma propre histoire, pour méditer en mon cœur tout ce qui m'est donné de vivre.

Alors ici, je vous propose de découvrir une histoire. En toute simplicité. L'histoire d'un jeune garçon abandonné par son père, qui décide de devenir prêtre après une conversion à l'âge de 9 ans. Prêtre salésien de Don Bosco, au service de la jeunesse. Toujours abandonné, mais désormais à Dieu. Je suis en effet devenu prêtre car, aussitôt après ma conversion, j'ai été saisi par une urgence. L'urgence d'évangéliser, c'est-à-dire de conduire une multitude d'âmes à Dieu. J'ai compris alors le sens de ma vie : aimer Dieu et le faire aimer.

Dans nos sociétés inquiétantes, alors que l'avenir n'a jamais été aussi incertain, le pape François nous invite à ne pas nous laisser voler notre espérance, à quitter nos canapés, à regarder vers le Ciel et à témoigner de cette joie qui nous habite. Je veux transmettre à ceux qui me liront qu'aucune épreuve, aussi grande soit-elle, ne saurait être un obstacle à la grâce de Dieu. C'est même le contraire ! J'y reviens dans le dernier chapitre.

Nos chemins de vie sont bien compliqués et nous nous noyons souvent dans nos détresses, nous ne parvenons pas à prendre du recul. Sur les réseaux sociaux, je recueille, par milliers, des messages de jeunes en difficulté et la question de la souffrance revient souvent. Aujourd'hui, j'ai décidé de prendre le temps de répondre à toutes ces interrogations sur le sens de la vie, l'existence de Dieu, sur l'importance du pardon, en me servant de mon histoire. Raconter cette histoire pour mieux rejoindre leur histoire. Sur Internet, une vidéo en chasse une autre et je n'arrive pas à trouver le temps de répondre à chacun en message privé. Avec ce livre, je prends le temps.

J'ai longtemps hésité à raconter cette histoire par pudeur ou parce que je la croyais sans grand intérêt. Plus tard, j'ai compris qu'elle ne m'appartenait pas. Tout est don de Dieu, même mon histoire, elle a donc vocation à être partagée.

Chapitre 1
Dieu, on le trouve comment ?

« Sans elle, rien n'aurait été fait. »
(Ce que Don Bosco répétait à l'envi
au sujet de la Vierge Marie.)

Pour répondre à cette question, j'emprunterais volontiers le tracé dans mon petit parcours de foi des premières vingt années de ma vie. Peut-être cela vous donnera-t-il quelques pistes de réflexion.

Je suis né le 25 mai 1983, à Draguignan dans le Var. Ma chère maman avait eu deux garçons d'un premier mariage, elle avait ensuite divorcé. Cette séparation l'avait conduite à la dépression. Elle était à l'époque professeur de français puis documentaliste. Chrétienne d'éducation, mais pas pratiquante. Quelques années plus tard, elle avait rencontré mon père, qui était représentant de commerce, et était tombée enceinte assez vite. Cette grossesse n'était ni prévue ni désirée, la tuile en un mot. « L'avortement n'est pas fait pour les chiens », s'était-elle entendue répondre par mon père à l'annonce de mon arrivée.

Il fallait donc choisir entre lui et l'enfant. Elle a alors demandé conseil à sa propre mère qui lui a dit : « Il vaut mieux le garder plutôt que le regretter toute sa vie. » Cet argument vaut ce qu'il vaut, mais il m'a sauvé la peau. Merci mamie ! Ma mère a donc décidé de me garder. Allait-elle sombrer dans une autre dépression après cette nouvelle séparation ? Ce choix de garder son bébé fut accompagné d'une grande joie. Ce n'est que plus tard, après sa conversion, qu'elle comprendrait d'où venait cette joie.

Cette joie s'est vraisemblablement transmise « génétiquement ». Quand j'étais bébé, on m'appelait Benjamin le bienheureux. J'y vois une manifestation de l'amour du Seigneur pour les plus petits, les pauvres et les abandonnés. Je me sens redevable et vraiment chouchouté. Je me retrouve d'ailleurs beaucoup dans cette incroyable expression de saint Paul dans sa première épître aux Corinthiens : « Il est même apparu à l'avorton que je suis. Car moi, je suis le plus petit des Apôtres, je ne suis pas digne d'être appelé Apôtre » (15,8-9).

Il est évident que l'abandon de mon père a été terrible. C'est une catastrophe. Grandir sans père est une blessure très profonde. Évidemment, ce n'est pas comparable à un père violent, mais cette absence a laissé un vide. Un vide abyssal. L'abandon. Un sentiment de vivre avec un poumon en moins. On arrive à l'adolescence essoufflé. C'est même particulièrement insidieux, car nous n'avons pas de raisons apparentes de souffrir. Une absence qui colore toute notre vie de vide, de solitude, de tristesse. Le sentiment d'être une âme échouée.

Ma mère a choisi la Vie

Cependant, nous n'avons pas été abandonnés par notre Père du Ciel. À partir du moment où ma mère a accepté la vie de son enfant, elle a été accompagnée et conduite d'une manière toute particulière par la Providence. Un jour, en se rendant à Cotignac, un lieu d'apparition de la Vierge Marie et de saint Joseph aux XVIe et XVIIe siècles, elle est entrée dans la librairie du sanctuaire et est tombée sur un livre bleu qui a attiré son attention. Il s'agissait de *Paroles du Ciel, messages de Marie à Medjugorje*, de Cyrille Auboyneau[1]. Un livre qui allait changer sa vie. Notre vie.

La découverte de l'existence de ces apparitions a fait naître en elle un désir puissant de se rendre là où Marie se manifestait aux hommes, en Bosnie-Herzégovine. Les événements extraordinaires qui ont eu lieu là-bas présentent l'avantage d'être actuels, si bien que des équipes de scientifiques spécialistes en neurosciences et multidisciplinaires ont pu se succéder auprès des voyants. Le livre en parle et leurs études convergent bien vers un caractère surnaturel des apparitions.

Pour Noël, elle nous a proposé de partir là-bas. À l'époque j'avais 9 ans. L'aîné de mes frères, qui avait 21 ans, ne nous a pas accompagnés. Il ne voulait pas entendre parler de ces histoires d'apparitions. Étudiant en médecine, la science et ces phénomènes prétendus surnaturels ne l'intéressaient pas du tout. Nous sommes donc partis, avec mon frère de 16 ans et ma mère, dans

1. Éditions des Béatitudes, 2000.

une petite Citroën AX à 1 400 kilomètres de chez nous, en plein hiver, dans un pays en guerre. Nous étions en 1992, la région subissait en effet de plein fouet la guerre de Yougoslavie. Malgré tout, Maman semblait attirée par une force irrépressible.

Le paysage, sur la route, était étrange, à la fois sublime et sauvage sur la côte Adriatique, et en même temps dévasté quelques mètres plus loin. Je me souviens d'un pont détruit qui nous avait obligés à prendre le ferry. Sur place, nous avons découvert un sanctuaire tout simple, assez pauvre, une église blanche au bout d'une artère principale. Un petit îlot marial perdu au milieu des vignes.

Conversion à Medjugorje

Ce voyage a été, pour elle et pour moi, un véritable tournant dans notre vie intérieure. Là-bas, la présence de Dieu nous est apparue palpable, comme si l'air était plus épais de la gloire divine. C'est assez difficile à décrire, mais se dégage de ce lieu une paix profonde. Des millions de gens se convertissent. Beaucoup disent : « C'est le Ciel sur la Terre. » Une oasis de paix au cœur de la guerre, grâce à une intensité de prières qui semble bouleverser l'atmosphère. Nous y avons fait des rencontres exceptionnelles. J'ai été particulièrement touché par la foi et le feu d'une religieuse de la communauté des Béatitudes, sœur Emmanuel Maillard. Témoin des apparitions et de nombreuses grâces reçues dans ce sanctuaire, elle nous expliquait les messages de la Sainte Vierge. C'était si beau.

Je ne saurais pas dire à quel moment précis ou de quelle manière exactement cela s'est passé, mais, dans ce sanctuaire, loin de chez moi, j'ai senti que Dieu m'aimait et qu'il veillait sur moi. Ce n'était pas « sensationnel ». Aucune émotion hautement spirituelle qui flanque à terre. Rien de grandiose. Mais j'ai ressenti là-bas, pour la première fois, ce que cette phrase du Psaume 22 résume parfaitement : « Le Seigneur est mon berger : je ne manque de rien. » Je comprenais que ce vide créé par l'absence de mon père n'était pas une condamnation. L'horizon n'était pas fermé. J'avais un Père dans les Cieux. Non seulement dans les Cieux mais tout proche, plus proche que mon propre géniteur. « Dieu comble mon cœur. Tout va bien. Je peux avancer dans la vie, il est avec moi. » Avec Dieu, je ne manque de rien.

Aussitôt après cette découverte inouïe de l'amour de Dieu, j'ai été habité par cette idée qu'il fallait que je partage au monde entier cette grande nouvelle. C'était urgent. Il fallait se dépêcher. C'est à ce moment-là que j'ai également compris qu'il fallait que je devienne prêtre pour être totalement esclave des âmes. Je me suis dit que ma vie ne pourrait pas être autre chose que faire connaître ce que je venais de découvrir, Dieu, l'Amour même. Voilà tout le programme de ma vie qui se dessinait devant moi !

C'était comme trouver de l'eau en plein désert. J'ai compris que ma mission était d'appeler tous mes frères et sœurs en humanité, souffrant sous le poids des soucis, rampant au sol à la recherche de quelques gouttes de rosée sur un cactus, de leur crier que l'oasis était là, juste là. « Levez les yeux ! Venez ! »

Impossible pour moi de garder secret un tel trésor. L'évangélisation ne consiste pas à gagner des clients pour se glorifier de nouvelles proies. Ce n'est qu'une question de partage, un partage urgent, une question de vie ou de mort. De vie ou de mort éternelles. L'évangélisation, c'est partager le trésor de l'amour de l'Éternel qui est l'unique nécessaire de toute vie humaine. C'est transmettre la clef de la joie, la vraie, celle que nous cherchons tous.

En rentrant de ces vacances si particulières, j'étais assis sur la banquette arrière. Ma mère pensait que je dormais. Je me suis redressé d'un coup et j'ai lancé triomphant : « Je serai moine prêtre à Medjugorje ! »

Une vie transformée

Ma mère a également été transformée par ce voyage. Elle s'est sentie appelée à se consacrer à Dieu et demandera à son évêque, quelques années plus tard, à devenir ermite. À son retour, elle a monté une association, avec des cousins, pour accueillir les femmes enceintes qui se trouvaient dans les camps de réfugiés pendant la guerre. On a loué une maison là-bas dans les années qui ont suivi ce pèlerinage et on y recevait les femmes qui en avaient le plus besoin. Nous y sommes allés à chaque période de vacances pendant deux ans. J'étais si bien là-bas. Il y avait un frère de la communauté des Béatitudes, frère Louis-Marie, que j'avais pris en affection et avec qui j'aimais passer du temps.

Je me sentais vraiment chez moi. Je me sens encore aujourd'hui chez moi à Medjugorje. C'est ma maison de vacances spirituelles. C'est là que je ferai, vingt-quatre ans plus tard, mon « voyage de noces » sacerdotales après mon ordination qui aura lieu, providentiellement, le 25 juin 2016 à 18 heures, jour et heure anniversaires des premières apparitions de Medjugorje.

Après ce voyage, nous avons commencé à aller quotidiennement à la messe et à réciter également chaque jour le chapelet. Mon frère qui nous avait accompagnés avait connu une conversion décisive lors d'un séjour à Paray-le-Monial, avec la communauté de l'Emmanuel, quelques mois plus tôt. Il est aujourd'hui agrégé en philosophie, professeur, et père de cinq enfants. Quant à mon frère aîné, nous avons prié intensément pour lui pendant six années. Il a fini par se rendre à Medjugorje, après maintes invitations insistantes de ma mère, et s'est littéralement converti là-bas. Aujourd'hui, il est docteur en philosophie éthique. Il a abandonné la médecine et s'est tourné vers des études d'instituteur. C'est lors de ces études qu'il a rencontré la femme de sa vie avec qui il vient d'avoir son dixième enfant. Il dirige actuellement un collège privé à Draguignan.

Trois fils. Trois conversions radicales. Nous nous sommes même tous les trois interrogés sur la possibilité de devenir prêtre. Lorsqu'on expérimente une sorte de « rencontre » avec Dieu, on se dit que ça vaut la peine de lui consacrer toute sa vie. Consacrer toute sa vie à Dieu peut s'accomplir de bien des manières. Pour eux, ce fut finalement la voie du mariage, pour moi celle du sacerdoce, mais pour les trois, en s'engageant dans l'éducation, la transmission.

Lors de mes séjours à Medjugorje, les frères et sœurs de la communauté des Béatitudes me parlaient d'un internat qu'ils tenaient dans les Vosges. J'ai absolument tenu à y aller. C'était pour moi la garantie de pouvoir vivre ma vie de foi à fond. L'internat n'ouvrant qu'à partir de la quatrième, j'ai attendu patiemment d'avoir l'âge. J'y suis resté jusqu'à la terminale. Des années extraordinaires. Nous avions la messe et une heure d'adoration tous les jours. Au milieu d'une trentaine de jeunes dans une abbaye perdue au milieu des champs, j'y ai vécu une fraternité incroyable. Mais c'est également là-bas que toute la souffrance de l'adolescence m'a submergé. Heureusement, les heures passées devant le Saint-Sacrement ont contribué à me construire, voire me guérir.

Au chevet de la jeunesse

Cependant, après le lycée, et bien que, grâce à Dieu, je fus bon élève, s'est éveillé en moi un vif goût de l'aventure. Fini le travail scolaire, je voulais faire une expérience de la vraie vie ; je mourais de hâte d'être confronté au monde, à la souffrance, à la détresse. L'urgence pour moi était d'apporter aide et soutien à ceux qui en avaient le plus besoin. Et puis, j'avais moi-même tellement reçu.

L'idée de me rendre auprès des franciscains du Bronx à New York pour travailler à leurs côtés auprès de la jeunesse délinquante des quartiers me faisait rêver. Mais c'est une conférence, en terminale, qui a changé la donne. Il s'agissait du témoignage d'Alain Herrbach, un éducateur de MECS (Maison d'enfants à caractère social). J'ai réalisé grâce à lui que la misère, que je voulais chercher dans la banlieue de New York, était là, au pas de ma porte. Le bac en poche, j'ai donc décidé de me mettre au service de cette MECS à La Broque, dans la vallée de la Bruche, près de Strasbourg. Sans diplôme pour travailler auprès de ce public de gosses placés par décision judiciaire, j'y ai été néanmoins admis comme service civique. Je commençais sans le savoir une vie salésienne d'une richesse bouleversante. Le contact avec la misère de ces jeunes m'a profondément changé. Les frontières de mon cœur se sont élargies. Ces pauvres gosses me fendaient le cœur. Je me sentais régulièrement impuissant face à leur détresse et me demandais comment les aider concrètement. Devais-je devenir éducateur ? Psychologue ? Et pourquoi pas les deux ? Habité par une profonde curiosité sur le fonctionnement humain, mon propre fonctionnement, je tranchai donc en faveur d'études de psychologie, à Strasbourg.

Une nuit de la foi

Quand j'ai quitté l'internat, j'ai commencé à avoir des doutes sur l'existence de Dieu. Sans doute l'effet naturel d'une sortie de cocon. Le jeune papillon, si récemment chenille, devait se débrouiller dans un monde subtilement ténébreux. J'avais baigné dans un climat de bienveillance et de foi pendant six années. Spirituellement, j'avais été porté par la communauté et un rythme de prières quotidiennes et d'activités enrichissantes, dans un ciel bleu. Jeune étudiant, j'entrais subrepticement dans une nuit de la foi. Un doute, puis un autre, puis un nuage de doutes. Le brouillard.

Toutes ces évidences auxquelles j'avais adhéré, très certainement porté par la foi des autres, devenaient obscures. Un chrétien seul est un chrétien en danger, dit-on. J'étais seul et ma foi était bien en danger. Par ailleurs, mes études portaient des coups de poinçon à mes certitudes spirituelles. Je découvrais la puissance de l'autosuggestion, par exemple. Et cela me déstabilisait énormément. L'autosuggestion suppose que si je veux voir un signe, je vais le traquer à tout prix jusqu'à en repérer un. Les sensations mystiques que j'avais pu expérimenter n'étaient-elles pas des élaborations mentales ? Ou pire, un phénomène d'hallucination collective ? Dans ces chansons religieuses répétées, comme on aime le faire dans le renouveau charismatique, n'y avait-il pas une volonté d'entrer en transe, comme le faisait telle ou telle tribu primitive que j'étudiais en cours d'ethnologie ? J'étais submergé par le doute. Finalement, croire en Dieu n'était-ce pas seulement un formidable générateur d'espoir qui rendait plus supportable une vie triste ? Moi qui avais été abandonné, ne m'étais-je pas inventé un Père idéal, qui ne m'abandonnerait jamais ?

Alors que, pendant des années, ma pratique religieuse avait été accompagnée d'émotions spirituelles intenses, aux côtés d'une communauté religieuse charismatique, ma solitude dans la prière me donnait l'impression d'un silence de Dieu, d'un nouvel abandon. Je sombrais peu à peu dans la nuit des sens, puis dans la nuit de la foi. Bien sûr, je ne connaissais pas encore ces concepts, j'étais donc effrayé de ce qui m'arrivait. Jusqu'à présent, je n'avais été qu'un amoureux de Jésus et Marie, follement impatient de devenir prêtre, et voici que je perdais ce qui pour moi était le plus important. Un cauchemar. Cette conversion avait-elle été réelle ? Pourquoi tout devenait-il si flou, si incohérent ? Était-ce de ma faute ? Ces questionnements m'ont hanté de longues années, de 18 à 26 ans.

Ce qui est assez surprenant dans cette histoire c'est que, malgré ces doutes, pendant toute cette période de brouillard, j'ai décidé de rester pratiquant. Je portais une croix assez grosse autour du cou, j'allais à la messe en semaine et faisais scrupuleusement ma demi-heure d'oraison quotidienne. En soirée étudiante ou en boîte de nuit, je me surprenais à parler de Dieu. Je me disais que le Saint-Esprit devait bien exister puisque certaines personnes revenaient à Dieu après avoir discuté avec moi, mais tout ceci était assez confus dans mon esprit. Tandis que j'étais dans la nuit, mes camarades sortaient de leurs ténèbres en parlant avec moi, un comble !

Une question de liberté

Je crois que le Seigneur a permis cette nuit de la foi pour me mettre face à la vertigineuse question de la liberté. Comme s'il me disait : « J'ai mis devant toi la vie et la mort, choisis la Vie ! » J'avais parfois l'impression que l'Évangile était juste un beau message. Que Jésus était juste un homme plus sage et plus saint que les autres, mais rien de plus. J'étais bien tenté de tout laisser tomber en ne gardant que les valeurs chrétiennes. Et encore. Pourquoi ne pas me jeter à corps perdu, c'est le cas de le dire, dans la débauche du monde ? Mais c'était impossible. Au fond, je crois que j'étais trop dépendant de Jésus malgré tout, malgré ces doutes. Si je choisissais ce chemin de foi, alors que je n'y adhérais plus naturellement, alors que cela me coûtait, c'était bien que je l'aimais un peu. Voire beaucoup.

Aimer quelqu'un qu'on voit, ce n'est déjà pas tous les jours facile, mais l'aimer alors qu'on ne le voit pas, qu'on ne le ressent pas : quelle aventure !

Au fond, ce qui m'importait sur Terre, c'était d'être libre. Or, je constatais que les personnes les plus libres que je connaissais à l'époque étaient de grands chrétiens. Je m'appuyais ainsi sur l'exemple de saints comme Don Bosco, François de Sales, Maximilien Kolbe, Mère Teresa ou Philippe Néri, estimant qu'en marchant sur leurs traces je ne me perdrais pas totalement.

Le pari de Pascal m'a sauvé. Comme lui, j'ai articulé ma réflexion autour de plusieurs possibilités :

– Si je mise ma vie sur la non-existence de Dieu et qu'à ma mort je m'aperçois qu'il existe, j'aurai tout perdu.

– Si je mise ma vie sur la non-existence de Dieu et qu'à ma mort je m'aperçois qu'il n'existe pas, je n'aurai rien, ni perdu ni gagné.

– Si je mise ma vie sur l'existence de Dieu et qu'à ma mort je m'aperçois qu'il n'existe pas, je n'aurai rien gagné, mais rien perdu non plus.

– Et si je mise ma vie sur l'existence de Dieu et qu'à ma mort je m'aperçois qu'il existe, alors là, j'aurai tout gagné.

C'est donc par pur calcul que j'ai misé sur l'existence de Dieu. Je relisais récemment une phrase du saint curé d'Ars qui résumait bien ce cheminement intérieur : « Si, à ma mort, je m'aperçois que Dieu n'existe pas, je serai bien attrapé, mais je ne regretterai pas d'avoir passé ma vie à croire à l'amour. »

Quelques années plus tard, je découvrais les écrits de Mère Teresa, si réputée pour sa sainteté, et qui pourtant semblait avoir vécu dans une nuit des sens, voire une nuit de la foi la majeure partie de sa vie. En parcourant la vie d'autres grands saints, je commençais à comprendre que ce désert était une étape presque incontournable.

Plus tard encore, je découvrais cette phrase lumineuse de Benoît XVI : « La foi est un don de Dieu, mais également un acte profondément libre et humain » (prononcée place Saint-Pierre, le mercredi 24 octobre 2012). Don de Dieu : ça oui, reçu avec vigueur à Medjugorje dix ans plus tôt. Mais à présent, cette nuit me poussait à poser un acte. Un acte de foi. Une véritable décision libre. Libre car libérée de tous les émois spirituels intérieurs. À présent, c'était à moi de décider de croire.

Dieu nous choisit

Pourtant, malgré ces ténèbres, je gardais très vive en moi la volonté de devenir prêtre, ce qui ne finit pas de m'étonner encore aujourd'hui. Continuer dans la foi alors qu'on patauge dans le doute, ce n'était déjà pas banal, mais être toujours accroché au désir du sacerdoce, alors là c'était le pompon. Dans mon désir de servir auprès des milieux éloignés de la foi, je me suis rapproché des prêtres « ouvriers » appelés maintenant les « prêtres au travail ».

À Strasbourg, je logeais au grand séminaire. J'y croisais quotidiennement des prêtres et des séminaristes avec qui j'avais de belles discussions, mais régnait une sorte de pudeur à l'évocation de la vocation. En revanche, quand je retournais chez moi, dans le Var, je rencontrais Mgr Rey qui n'hésitait pas à me rappeler : « On a une chambre pour toi au séminaire ! » Un toupet qui n'a jamais heurté ma liberté et qui, au contraire, m'a donné le courage de franchir le pas. Là, au moins, je me sentais attendu. Je crois que les jeunes ont besoin de ces appels de leurs pasteurs. Dans les périodes de discernement, nous avançons à tâtons, à coups de perches tendues et de rencontres.

Quand je relis mon histoire, me revient cette phrase de Jésus à ses disciples : « Ce n'est pas vous qui m'avez choisi, c'est moi qui vous ai choisis et établis, afin que vous alliez, que vous portiez du fruit, et que votre fruit demeure » (Jn 15,16). En écrivant ces lignes, les larmes aux yeux, le cœur débordant de reconnaissance, je réalise combien cet enseignement de Jésus est vrai. Qui aurait pu penser que ma mère, mes frères et moi-même serions si ardemment attirés par le Christ ? La conversion de notre famille est bien la preuve que ce n'est pas nous qui trouvons Dieu, mais bien lui qui vient à notre rencontre. Quelle que soit notre situation. Jésus, par sa Mère, est venu nous chercher, nous qui étions si loin de lui. Pourquoi nous ? Pourquoi moi ? C'est le secret de Dieu. Lui seul sait. Il a fait irruption dans notre petite vie si banale et l'a embellie de sa lumière.

Et si, en plus de chercher Dieu, on se laissait trouver par lui ?

Chapitre 2
Pourquoi les jeunes ?

« *Da mihi animas cetera tolle*[1]. »

Expérience de la confiance

Consacrer sa vie à Dieu, c'est une chose. Se mettre au service des autres en est l'application concrète. Mais pourquoi l'attrait des jeunes spécifiquement ? C'est une bonne question.

Étant gosse, je passais des heures à corriger mes propres cahiers d'école en imaginant que j'étais l'instituteur du petit Benjamin. J'ai longtemps rêvé d'être enseignant, mais aussi architecte, biologiste, pilote de voiture de rallye, grand pianiste ou encore magicien… Cependant, un obstacle se dressait toujours dans ces projections : ma timidité. Une timidité qui me paralysait. Avec du recul, je pense que cette fragilité

1. « Donne-moi des âmes et prends le reste. » Phrase attribuée à saint François de Sales, devise affichée, encore aujourd'hui, dans le bureau de Don Bosco. Elle signifie l'offrande de soi pour le salut des âmes.

a été une grâce. Cette hyper sensibilité, que mes blessures d'enfance avaient décuplée et que j'ai longtemps cru être un handicap, m'a permis d'être plus à même de comprendre les jeunes et leur si fréquent manque de confiance et d'estime d'eux-mêmes.

À partir du lycée, j'ai constaté qu'on se tournait vers moi assez naturellement pour un conseil ou une écoute. C'est probablement ma gêne, ma discrétion, ces sourires qui cachaient bien mal mon manque de confiance en moi, qui ont suscité chez mes camarades, et même parfois chez les adultes, un désir de se confier. On me livrait des secrets et on recherchait constamment ma présence. J'avais même déjà à l'époque organisé un agenda de rendez-vous pour réussir à contenter les uns et les autres ! Je ne comprenais pas bien qu'on puisse avoir autant besoin de moi et m'accorder une telle confiance. D'autant que les autres interlocuteurs potentiels étaient nombreux, chez les frères et sœurs de la communauté.

C'était vraiment stupéfiant : comment ces gens pouvaient-ils trouver quelque intérêt à se confier à quelqu'un d'aussi insignifiant ? En fait, j'étais littéralement adulé. Je ne laissais personne indifférent. C'était si troublant que j'ai décidé de faire mon mémoire de licence de psychologie sur l'intelligence émotionnelle. Mon objectif était de comprendre ce qui rend une personne « charismatique », attirante. Qu'est-ce qui conduit une personne à être considérée « solaire » ? Comment expliquer que certaines personnes attirent autant la confiance, les confidences ? Ce travail ne m'a pas permis de tout saisir, il faut certainement accepter une part de mystère. J'ai fini par penser que cette confiance venait certainement du fait qu'on me pensait incapable de jugement. « Avec toi, on ne se sent pas jugé », voilà ce qu'on me disait si souvent.

L'Évangile au service de la jeunesse

C'est donc ainsi que, progressivement, j'ai été sensibilisé au sort des jeunes en difficulté. L'autre étape décisive fut bien entendu l'expérience comme éducateur en MECS, juste après le bac pendant un an.

Par la suite, durant mes études de psychologie à Strasbourg, je profitais de mon temps libre pour lire et faire énormément de recherches sur des sujets de psychologie qui m'intéressaient plus que les cours. J'en profitais aussi pour rencontrer des praticiens et faire du bénévolat. Je m'étais mis au service de l'association de Gérard Haehnel, un admirable pasteur protestant luthérien, en mission à Cronenbourg, un quartier populaire, en périphérie de la ville de Strasbourg. J'exerçais également une activité de professeur de piano. J'alternais entre cours privés et cours en école de musique ce qui me permettait d'arrondir largement mes fins de mois et surtout d'aiguiser ma capacité de transmission.

En troisième année, j'ai commencé à douter de l'intérêt de poursuivre la psychologie. Pour être un psychologue « classique », c'est-à-dire pour aider les gens en souffrance, il faut se spécialiser en psychologie clinique, mais cette discipline se réduisait, à l'époque, à l'unique et sacro-sainte « psychanalyse ». Je jugeais cela très insuffisant voire douteux. Parallèlement à cela, tandis que j'approfondissais ma lecture des Évangiles, je prenais doucement conscience qu'il y avait des clefs insurpassables dans la parole de Dieu pour accompagner les gens en souffrance. Je me disais donc qu'il était temps de me lancer sur le chemin du sacerdoce après ces trois années d'études.

Mais où le Bon Dieu m'attendait-il exactement ? En tant qu'éducateur, psychologue, musicien ? Une chose était certaine, je ne voulais pas être un prêtre « classique ». Je voulais être au plus près des jeunes et en particulier des plus cabossés. Ne trouvant pas chaussure à mon pied, je suis entré au séminaire, laissant à Dieu la liberté de m'indiquer la meilleure voie à suivre pour son service et celui de ses enfants. Finalement, je choisissais un cursus classique et si spécialisation il devait y avoir, le Bon Dieu s'en chargerait.

Entrée au séminaire

Pendant cette première année, qu'on appelle « propédeutique », tandis que je désespérais de ma foi moribonde, je suis tombé sur la vie de saint Dominique Savio, écrite par saint Jean Bosco. Un événement fondateur. Don Bosco est un prêtre éducateur du XIXe siècle qui a donné sa vie aux garçons abandonnés de la ville de Turin, en Italie. Il a ouvert un centre pour les jeunes, dans un quartier appelé le Valdocco, et a mis en place non seulement de quoi catéchiser les jeunes, mais aussi les accueillir, leur offrir une scolarité, les former à des métiers.

Des milliers de jeunes ont été éduqués par ce saint prêtre. Le jeune Dominique Savio en faisait partie. Sa joie lumineuse et sa bonne humeur, sa volonté de devenir un saint ont marqué profondément Don Bosco qui l'a accompagné jusqu'à sa mort prématurée à 14 ans. Je peux dire que ce saint prêtre est un compagnon du Ciel depuis l'internat où il y avait des portraits de lui un peu partout. Don Bosco correspondait parfaitement au modèle de prêtre que je voulais être : un prêtre saltimbanque, toujours là où on ne l'attend pas, joyeux, sportif, chaleureux, plein de facétie et en même temps une profondeur dans ses relations aux autres. Je pense aussi que cette assurance que je n'avais pas m'édifiait et me stimulait pour dépasser mes complexes.

Dévorée en une nuit, la lecture de cette biographie de Dominique Savio m'a bouleversé. Alors que j'étais encore en pleine confusion intérieure, la vie de ce jeune garçon, sa foi ont rallumé en moi le feu que j'avais à son âge, après ma conversion. Une véritable éclaircie dans cette nuit obscure. Mon désir de devenir saint en a été renouvelé. Quel cadeau ! J'entrevoyais enfin une issue au tunnel grâce à ce petit saint ! J'ai alors décidé de me lancer moi aussi dans l'écriture d'une biographie de celui qui avait su réveiller en moi le désir du Ciel.

Un discernement difficile

Pour écrire cette biographie, il fallait accéder à de la documentation. On me conseilla de contacter le père Francis Desramaut, un spécialiste de l'histoire salésienne. Ce que je fis avec empressement. C'était le premier salésien que je rencontrais. Nous avons beaucoup discuté, je crois qu'il était étonné par mes questions et ma soif de tout comprendre, tout découvrir. Je n'ai finalement pas trouvé l'énergie d'écrire cette biographie, mais ces recherches m'ont permis d'avancer petit à petit dans la découverte de la planète salésienne.

Les Salésiens (Société de saint François de Sales, en latin *Societas Sancti Francisci Salesii*) forment une congrégation cléricale de droit pontifical, fondée par Don Bosco pour s'occuper des jeunes. C'est parce qu'il aimait particulièrement saint François de Sales, appelé « docteur de l'amour » et réputé pour sa douceur, que Don Bosco avait choisi le nom de salésien.

En me promenant sur le site internet des Salésiens et en commençant à parler autour de moi de mon attrait pour cette congrégation, j'ai découvert que cette grande famille de religieux était plutôt vieillissante, en France. Je m'étonnais également de leur engagement dans le social qui semblait prendre le pas sur la dimension verticale et mystique du saint fondateur. Quant aux prêtres de la congrégation, ils ne portaient pas de col romain, tout au plus une petite croix sur le veston. On était très loin de l'image de Don Bosco en soutane confessant à longueur de journée ou marchant en tête d'une fanfare, lors de ses balades avec sa joyeuse troupe de gamins des rues. On disait alors qu'il s'agissait d'une congrégation *has been*, franchement « soixante-huitarde », plus préoccupée d'action sociale que d'évangélisation.

Était-ce vraiment ma place ? Je crois que ce qui me dérangeait le plus ce n'était pas l'absence de soutane ou leur vision progressiste, mais plutôt le vieillissement de la congrégation et le manque de vocations. Je me demandais si cette communauté n'était pas en train de mourir. Je devais discerner.

Don Bosco, le modèle à suivre

Un peu plus tard, je suis tombé par hasard sur les constitutions de la congrégation des Salésiens dans la bibliothèque du séminaire. En les lisant, j'ai eu un déclic, comme l'impression que ces règles de vie avaient été écrites pour moi. Ce programme semblait répondre à toutes mes aspirations.

Ceci étant, j'avais pris des habitudes de célibataire. Je m'étais fait à l'idée d'être un prêtre vivant seul, dans son presbytère, avec sa voiture, sa liberté, son espace à lui. Or, devenir salésien, c'était accepter la vie en communauté. Pour tout dire, je venais de faire l'acquisition d'une BMW « série 3 compact », noire métallisée, jantes alliages dont j'étais assez fier. Même si le goût pour les richesses n'était pas mon talon d'Achille, je voyais bien combien la tentation de m'agripper à mon petit confort et à ma liberté pesait dans le discernement de cette vocation.

Et au fond, je ne savais pas non plus si la spiritualité actuelle des Salésiens allait me correspondre. En effet, une interprétation de Vatican II, teintée d'influences marxistes, conduisait nombre de confrères à proposer un Évangile très – pour ne pas dire uniquement – horizontal. Certains ne parlaient que de fraternité au point de rendre cette notion presque naïve. Spiritualité de l'enfouissement, levain dans la pâte, vivons cachés… autant de concepts qui ont été sans doute motivés par une certaine lecture du monde, de l'évolution de la société, c'était leur manière à eux d'évangéliser.

Loin de moi l'idée de juger ces frères – j'aurais peut-être et certainement emprunté le même chemin qu'eux si j'avais traversé la même période. Cependant, j'étais chagriné car j'avais le sentiment que ne brûlait plus dans leur discours le désir de proclamer le Christ. Ils avaient raison d'estimer que l'évangélisation consistait surtout et avant tout à aimer son prochain, mais cela ne suffisait pas. Si Dieu n'est pas au cœur de nos actions charitables, que valent-elles ? N'est-ce pas prendre le risque de compter uniquement sur nos propres forces et de s'attribuer des mérites qui ne nous appartiennent pas ? Même si ne vivre qu'en Dieu en négligeant ses frères est tout aussi dangereux pour l'âme. Foi et charité avancent main dans la main. Si on néglige l'une de ces deux vertus, on altère le message évangélique.

Je m'interrogeais donc. Chez les Salésiens, qu'en était-il de la dimension verticale ? Don Bosco n'était-il pas un immense mystique ? Il était certes un super éducateur, un acteur social de génie, mais le thaumaturge, l'amoureux ardent des cœurs de Jésus et de Marie, l'obsédé du salut des âmes, n'était-il pas un peu laissé de côté ? Le génie de l'œuvre de Don Bosco ne résidait pas seulement dans un certain pragmatisme qu'on attribue à son origine de la campagne piémontaise, mais aussi et surtout à sa totale dépendance à la Providence. Le génie de l'œuvre de Don

Bosco ne provenait pas tant de ses quelques qualités humaines, peut-être trop mises en avant par certains, que de sa posture de foi totale en l'action opérée par l'intercession de la Vierge Marie Auxiliatrice. Si bien que l'œuvre de Don Bosco est géniale non parce que c'est l'œuvre de Don Bosco, mais parce que c'est l'œuvre de Dieu.

Il ne faisait pas des œuvres pour Dieu. Il faisait l'œuvre de Dieu.

Dans le même temps, je réalisais que ces frères avaient beaucoup à m'apprendre. Certes, leur posture idéologique était discutable, mais en les côtoyant sur le terrain, je découvrais des hommes passionnés, entièrement donnés aux jeunes, en particulier les plus blessés. Un dévouement qui forçait l'admiration. À leurs côtés, mon cœur paraissait minuscule. Alors oui, la soutane avait été reléguée dans la malle de déguisements pour les grands jeux, mais en attendant, des jeunes, des gamins que tout condamnait avaient été littéralement sauvés par la bonté de ces frères. Je découvrais qu'avant de porter des jugements trop sévères, il fallait prendre le temps de comprendre, de se laisser édifier et, ensuite, avancer humblement dans les voies du Seigneur.

Tout cela pour dire que, bien que la différence de point de vue avec ces religieux eût de quoi m'écarter de la voie salésienne, curieusement, de même que j'ai toujours été très vivement attiré par les gens différents, je ne me voyais pas fermer cette porte à cause d'une simple différence d'approche théologique et pastorale.

Un appel salésien

Un jour, j'ai appris que Don Bosco avait séjourné à maintes reprises dans le Var, non loin du séminaire, au domaine de La Navarre. Une aubaine alors même que je me sentais de plus en plus attiré par sa spiritualité et son apostolat. À la première occasion, j'ai enfourché ma bicyclette pour me rendre en pèlerinage solo sur les pas de ce saint si cher à mon cœur. Je ne suis pas entré dans le domaine, j'ai juste contemplé ce lieu sublime, perdu au milieu des vignes, et j'ai confié tous mes questionnements intérieurs à Don Bosco. J'ai d'ailleurs fini par le menacer en lui disant que s'il voulait que j'entre chez les Salésiens, il allait quand même falloir être clair, car mes réserves étaient nombreuses. « Un signe, bien clair, et rapido », voilà ce que j'attendais.

Quelques jours plus tard, avec ma promotion de propédeutique, on nous a proposé de tirer au hasard le nom d'un saint dans une corbeille, un saint qui devait nous accompagner tout au long de l'année. Le nom du saint était accompagné d'une citation et d'une intention de prière. Je me suis plié à l'exercice, sans grande conviction, convaincu au fond de moi qu'il s'agissait davantage d'un jeu que d'un outil de la Providence. L'expérience m'avait maintes fois fait tomber sur des saints que j'oubliais au bout de quelques semaines. Je trouvais la technique proche des jeux de hasard pour ne pas dire superstitieuse. Ceci étant, solidarité oblige, je n'allais pas faire ma tête de lard et, suivant mes camarades, je suis allé piocher ce fameux saint dans la panière. Sur des centaines de papiers de saints, un seul était déjà retourné, un seul… et il s'agissait de saint Jean Bosco ! Je l'avais mon signe.

Le père Christian Dornemann, responsable de la propédeutique au séminaire, avait vécu à La Navarre, il connaissait bien les Salésiens, il nous a donc proposé d'aller dîner chez eux pour la fête de saint Jean Bosco, le 31 janvier. À cette occasion, je me suis retrouvé à table en face d'une sœur de plus de 80 ans, Marie-France Chabert, pétillante, débordante d'énergie, d'humour et de malice. Sa personnalité étonnante et joyeuse a conforté mon sentiment que donner sa vie à Dieu n'était pas du tout sinistre ou ennuyeux. Ainsi donc, si la vie religieuse n'interdisait pas une certaine exubérance et originalité, je pouvais éventuellement y prétendre moi aussi.

En février, j'ai fait une demande auprès de la communauté salésienne de La Navarre, pour savoir si je pouvais faire un petit stage avec eux. Ils m'ont proposé d'aller à Notre-Dame du Laus, pour accompagner une retraite de profession de foi avec leurs jeunes. J'y suis allé, en compagnie de deux prêtres âgés. J'ai été frappé par leur autorité sur cette horde de gamins abîmés par la vie. Ils n'avaient pas besoin de crier, ils étaient très calmes et les enfants les respectaient.

Je voulais connaître leur secret.

Leur autorité ne semblait pas découler d'un charisme particulier. Il y avait quelque chose de posé, de plus profond. Ils n'étaient pas jeunes, faussement stylés, débordants d'énergie, ou même d'humour. Ils avaient une qualité de présence. Ils étaient aimés, sans user de séduction ou d'artifice.

Et alors que je progressais dans mon discernement, j'observais à nouveau qu'à chaque occasion de rencontres en paroisse le week-end ou lors de sessions chrétiennes sur le site de La Castille, les jeunes en souffrance n'hésitaient pas à venir me parler. Encore une fois : pourquoi moi ? Les collègues séminaristes étaient pourtant jeunes, dynamiques, pleins d'humour, etc. Alors pourquoi toujours moi ? Leur confiance m'étonnait autant qu'elle me bouleversait. Je voyais bien que j'étais à ma place à leurs côtés. L'évidence me sautait aux yeux, Dieu m'appelait à servir la jeunesse blessée, à l'école de saint Jean Bosco.

Chapitre 3
C'est quoi être prêtre aujourd'hui ?

« Les prêtres sont nés de mon côté transpercé,
comme Ève est née du côté d'Adam.
[…] Tandis que ma vie terrestre et visible s'achevait,
je savais que j'allais rester présent réellement et
véritablement non seulement dans l'eucharistie,
mais aussi dans chacun de mes prêtres à qui j'avais
transmis ma sublime mission de sauver les âmes.
À mes prêtres, j'ai tout donné. »
(Jésus à Conchita dans *À ceux que j'aime plus que tout*)

Le sacerdoce, un si grand mystère !

Voilà un thème qui m'est cher car mieux on sait ce qu'est un prêtre, mieux on s'en sert. Laïcs comme prêtres. Ces derniers auront une conduite qui correspondra à la conscience de leur sacerdoce. Plus ma conscience est grande de ce qu'est le prêtre, moins j'ai de chance de tomber, car cette lucidité me permet de déployer une énergie massive au service de la protection de mon sacerdoce. Plus je réalise l'immense pouvoir sacré, l'effroyable dignité du sacerdoce, plus ma vigilance face aux pièges de l'Ennemi grandit. Bien sûr, ça ne suffit pas. Les prêtres qui sont tombés dans la pédophilie avaient pour certains cette conscience. Il faut aussi et surtout beaucoup de prières. Prière personnelle bien sûr. Mais également prière de la communauté pour se porter les uns les autres.

Être prêtre, c'est ne plus s'appartenir, c'est se livrer corps et âme à Dieu pour le service des âmes.

Depuis son ordination, toute sa personne accepte librement de tout donner. Son âme, lors de la cérémonie, a reçu une marque indélébile, un tatouage éternel de la prédilection divine, de dispensateur de la grâce.

En dehors de Dieu lui-même, il n'est pas de pouvoir supérieur à celui du prêtre nulle part sur terre et même au Ciel, puisque les anges sont suspendus aux lèvres du prêtre lorsqu'il prononce les paroles du Christ au cours de la messe ou dans le confessionnal. Le Ciel tressaille d'effroi devant la grandeur de ce pouvoir sacré. Dieu dit : « Que la lumière soit », et la lumière fut. Le prêtre dit : « Ceci est mon corps » et ce vulgaire bout de pain devient corps, sang, âme et divinité de Jésus Christ, vrai Dieu. La Sainte Vierge s'incline devant la bénédiction du prêtre qui est celle de Jésus lui-même. « Oh! que le prêtre est quelque chose de grand! » disait le saint curé d'Ars. « Allez vous confesser à la Sainte Vierge ou à un ange. Vous absoudront-ils? Vous donneront-ils le corps et le sang de notre Seigneur? Non, la Sainte Vierge ne peut pas faire descendre son divin Fils dans l'hostie. Vous auriez deux cents anges là qu'ils ne pourraient vous absoudre. Un prêtre, tant simple qu'il soit, le peut. Il peut vous dire : Allez en paix, je vous pardonne. » Et d'ajouter : « Le prêtre n'est pas prêtre pour lui, il l'est pour vous. »

À la bienheureuse Conchita, mystique mexicaine et mère de famille de neuf enfants, le Seigneur Jésus a fait des confidences sur le sacerdoce absolument magnifiques :

> « La vie d'un prêtre a quelque chose d'infini, de sublime, de saint et de surhumain. Dans l'ordre matériel des choses, on ne peut imaginer ce qu'est la grandeur d'un prêtre. C'est la Trinité tout entière qui s'unit pour le former, et après Marie, il est la plus belle chose qui soit au monde. »

Mais revenons sur les étapes qui m'ont conduit à ce divin sacerdoce.

Entrée chez les Salésiens

Après avoir pris conscience de la proximité de saint Jean Bosco au domaine de La Navarre, après la « claque spirituelle » reçue à la lecture de la biographie de saint Dominique Savio, après la découverte des constitutions de la congrégation des Salésiens dans la bibliothèque du séminaire, après avoir tiré le nom de saint Jean Bosco dans la panière de saints pour la nouvelle année, après la première rencontre, le 31 janvier, avec cette bonne sœur si originale, après un séjour à Notre-Dame du Laus avec les gamins cabossés de La Navarre, j'ai fini par contacter le provincial des Salésiens (le responsable au niveau national), le père Joseph Enger, pour demander à être accueilli dans la congrégation.

Ce dernier m'a fait rencontrer le responsable des vocations, le père Daniel Federspiel, avec qui j'ai eu de longues discussions passionnantes. Suite à cela, la province m'a proposé d'intégrer une communauté au service d'un lycée agricole, à Ressins, dans la Loire, non loin de Roanne, afin de faire une expérience de « regardant », qui pourrait ensuite aboutir au « pré-noviciat ». Cette étape est commune à de nombreuses congrégations. Avant de se lancer, on propose au postulant un temps d'observation.

La rencontre avec le père Daniel a été très encourageante et m'a conforté encore une fois dans ce choix de me mettre à l'école de Don Bosco. J'ai été émerveillé par son intelligence et sa liberté, il possédait une clarté de vue, une sagesse, un regard humain et éducatif fascinant. Son discours était différent de ce que j'avais eu l'habitude d'entendre jusqu'à présent. J'aimais cette manière qu'il avait de bousculer mes certitudes. Je me souviens d'un trajet Marseille-Lyon avec lui où je buvais la moindre de ses paroles. Le quittant, je me suis senti changé, riche d'un nouveau trésor.

Et il était loin d'être le seul dans la congrégation. Pendant l'été 2007, période de transition entre le séminaire diocésain et l'entrée chez les Salésiens, j'ai passé un coup de fil à Ressins pour organiser ma venue. Je suis alors tombé sur une voix âgée. Il s'agissait du père Lucien Vagnon, un prêtre de plus de 90 ans. Quand devais-je arriver ? Quelles affaires devais-je emporter ? Quelle était l'adresse exacte du lycée ? Mes questions étaient toutes simples. Mais ce jour-là, le père Lucien ne voulait pas parler d'intendance, il voulait parler de la prière. De la primordialité de la prière. Un enseignement d'une quinzaine de minutes qui m'éblouit. Moi qui avais encore quelques appréhensions sur le manque de foi de cette génération de prêtres, j'étais une nouvelle fois attrapé. Ces échanges me réconfortaient très profondément.

Au départ, mes craintes étaient si fortes que j'avais demandé à rester au séminaire de La Castille tout en faisant mon stage d'observation chez les Salésiens à La Navarre, juste à côté. Quitter un environnement dans lequel je me sentais comme à la maison, un cadre si parfaitement adapté à ma sensibilité ecclésiale (tradition, renouveau charismatique, nouvelle évangélisation…) et quitter un évêque de feu pour assouvir une curiosité… Le risque me paraissait trop grand. Mais on m'a refusé cette demande. Première expérience d'obéissance. Impossible de manger à tous les râteliers. Je devais me lancer, sans regarder en arrière.

Ce qui me contrariait également dans cette nouvelle orientation, c'était la perte de temps. Moi qui avais tellement hâte de devenir prêtre, je prenais le risque de retarder encore mon ordination. En entrant chez les Salésiens, je commençais un nouveau parcours très long : pré-noviciat, noviciat, stage pratique, etc. Mais l'appel était vraiment trop fort. J'ai tout quitté et j'ai décidé de me laisser conduire.

Première expérience salésienne

Au cours de cette première année à Ressins, un doute capital s'est emparé de moi. Comment annoncer le règne du Christ au sein de cette congrégation ? Depuis ma conversion, mon unique désir était de conduire les âmes à la source de l'amour et de la joie. Or, ces religieux étaient vraiment des hommes exceptionnels, mais le zèle missionnaire ne semblait pas être leur charisme. Cela me posait vraiment problème. Mais, cette même année, s'est ouvert le 26e chapitre général mondial des Salésiens de Don Bosco. Un événement qui a lieu tous les six ans et qui réunit tous les responsables salésiens du monde pour évaluer l'état de la congrégation dans le monde et œuvrer à son avenir. Une sorte de concile. Et le thème du chapitre était : « *Da Mihi Animas, Cetera Tolle* » (Donne-moi des âmes et prends le reste). Un thème qui parlait à mon âme : la soif des âmes, l'évangélisation.

Je pense notamment à cette phrase, une devise salésienne, qui devait marquer un tournant dans mon discernement : « Évangéliser en éduquant, éduquer en évangélisant ». Je tenais enfin la clef. Tout était là. Je comprenais que l'éducation était la voie royale de l'évangélisation des jeunes. Quand on accompagne un jeune sur son chemin de vie, dans le temps, dans la patience, à force de conseils, d'interpellations parfois, de douceur, on assiste à des changements en profondeur. Un peu comme un paysan qui laboure la terre avec soin avant d'y semer le bon grain. Une évangélisation qui consisterait à proclamer haut et fort l'amour de Dieu pour chacun ne suffit pas. Cela doit s'accompagner d'une présence, d'un amour au quotidien, d'une écoute, d'une compréhension du jeune. Éduquer sans montrer le Ciel serait tout aussi insuffisant. Les jeunes doivent comprendre qu'il y a plus grand que nous et que ce plus grand s'appelle Dieu.

Dans les Évangiles, on voit bien comment Jésus éduque les personnes qu'il rencontre. Je pense à la rencontre avec la Samaritaine ou avec Nicodème. La mission salésienne, c'est précisément cette articulation entre l'annonce de la Bonne Nouvelle et l'accompagnement des âmes sur les chemins du Ciel, en rejoignant chacun là où il est. Sans forcing décourageant autant que contre-productif. Mais sans lâcheté non plus.

Les textes produits à l'occasion de ce chapitre mondial m'ont beaucoup remué. J'ai eu alors l'impression de lire le père Daniel-Ange ou quelque autre pasteur évangélique enflammé. Quelle force ! L'expression « rallumer le feu dans le cœur des confrères » revenait à de nombreuses reprises. Je me suis aperçu, en définitive, que si je n'étais pas toujours en phase avec les courants idéologiques répandus chez de nombreux confrères, la vision de la congrégation au niveau mondial rejoignait à la perfection mes aspirations les plus profondes. Comme si toutes mes intuitions, en germe, pouvaient éclore au contact de ces textes officiels de la congrégation.

La vitalité de la congrégation dans le monde est assez spectaculaire. Il s'agit de la plus grosse communauté religieuse, avec les Jésuites. Présente dans plus de 130 pays, avec des milliers d'œuvres et des millions d'enfants pris en charge. On compte entre 300 et 400 nouvelles vocations par an. Comme les Salésiens sont réputés pour la pertinence de leur pastorale, c'est également devenu la congrégation la plus pourvoyeuse d'évêques! En France, les nouvelles vocations sont hélas peu nombreuses, mais nous avons envoyé par le passé tant et tant de missionnaires dans le monde qu'il est peut-être temps de récolter le fruit de la mission, et d'accueillir des vocations d'Afrique, d'Inde ou encore du Vietnam.

Le noviciat, l'heure du combat

Après cette année de « regardant » puis de « pré-novice » qui m'avait permis de discerner en profondeur la sincérité de ma vocation salésienne, je décidai d'écrire ma lettre de demande d'entrée au noviciat. Demande acceptée. Me voilà donc en septembre 2008, avec un autre novice, Piotr Wolny, à Lyon, auprès du fameux père Daniel Federspiel, en route pour une nouvelle aventure!

Le noviciat, c'est une sorte de retraite d'un an. Je ne sais plus qui faisait cette judicieuse remarque qu'une année de noviciat valait bien trente ans de psychanalyse et c'est bien vrai tant l'exploration spirituelle est intense. C'est un véritable chemin d'évangélisation des profondeurs. Dans le désert, nos failles nous sautent aux yeux. C'est le fameux « combat spirituel ». Je n'étais pas encore totalement sorti de ma nuit de la foi, quelques doutes persistaient et, pendant cette année-là, de nombreuses blessures sont remontées à la surface.

Les réelles motivations de ma vocation même sont devenues floues. Pourquoi devenir prêtre? Pour obtenir de la reconnaissance ? Ne chercherais-tu pas à être admiré à travers cette figure du prêtre ? Tu te prends pour un super-héros ? Mais qui es-tu pour prétendre au sacerdoce ? Te rends-tu compte de ce que c'est ? Ta vocation auprès de la jeunesse, n'est-ce pas le seul moyen que tu aies trouvé pour régler tes propres manques ? Soigner tes propres plaies ? Pire : ne cherches-tu pas à combler tes propres manques affectifs en puisant dans l'aspect gratifiant des relations éducatives ? Être important aux yeux des autres, aux yeux des jeunes, n'est-ce pas ce que tu cherches au fond pour cajoler ton *ego* carencé ? Et puis, s'il fallait décider finalement de ne pas être prêtre, que dirait ta mère qui y croit tant ? Et les autres qui ont bâti tant d'espoir en ce jeune Benjamin qui ferait un si bon prêtre ? Après tout, peut-être que je me suis entêté et que le Seigneur me voudrait plutôt marié, père de famille... Ma vie ne serait-elle pas plus heureuse dans les bras d'une femme ? Pourquoi m'entêter à suivre un chemin qui ne me rendra peut-être jamais heureux ? Et avec une foi si pauvre, que pourrais-tu bien apporter aux autres ? Comment affermir leur foi quand notre propre foi est si faible ?

Au noviciat, on ne peut pas échapper à ce genre de questions fondamentales. On ne trouve pas toutes les réponses, mais elles permettent de regarder en face ce que nous voulons vraiment et pourquoi, ce qui entraîne des combats intérieurs, des yoyos émotionnels déboussolants.

En fait, toutes mes certitudes ont été passées en revue, y compris théologiques et pastorales. J'ai réalisé que j'étais moi-même crispé sur des représentations personnelles sans doute très bonnes au départ, mais qui au fond m'enfermaient et finissaient par m'éloigner du message du Christ. Certaines idées peuvent se durcir. Une idée qui se durcit devient ce qu'on appelle une idéologie. Et il peut y avoir de l'idéologie dans l'évangélisation, dans la nécessité de tel apostolat, dans la pratique de tel style liturgique, etc.

« Tu n'as rien à exiger de Dieu »

En outre, je crois que j'en voulais à Dieu. Plus je grandissais, plus je prenais conscience de l'ampleur des dégâts causés par l'absence de mon père durant mon enfance. Ça me pourrissait la vie. Par ailleurs, après tous mes efforts pour continuer à suivre le Christ malgré mes doutes, j'en voulais au Bon Dieu de me laisser dans cette nuit, dans ces gouffres de vides intérieurs. Je récriminais contre lui sans m'en rendre compte. Ce n'était pas bien méchant, mais je souffrais tellement que j'avais besoin de m'en prendre à quelqu'un. Je m'apprêtais à lui donner toute ma vie et j'avais l'impression d'être face à un mur. Que faisait-il? Ne pouvait-il donc pas me donner quelques signes de sa présence? Quelques consolations? Quelques directives plus claires surtout?

Quand ma belle-sœur Anne est tombée gravement malade, à l'âge de 27 ans, j'ai supplié Dieu de la guérir. Je n'admettais pas qu'il puisse refuser de le faire. C'était une bonne chrétienne, pleine d'amour, une jeune maman… Comment pouvait-il la rappeler à lui? J'étais pourtant sûr qu'il pouvait la guérir! Pourquoi certains guérissent et d'autres non?

Un jour, lors d'un entretien avec mon maître des novices, je me suis entendu dire : « Benjamin, tu n'as rien à exiger de Dieu. » Quelle idée ! Bien sûr que je n'exigeais rien de Dieu. Mais, dans les jours qui ont suivi, cette phrase m'a travaillé… « Rien à exiger de Dieu », que voulait-il dire ? En fait, le père Daniel allait permettre une des conversions les plus radicales et décisives de ma vie. J'ai compris que ma sécheresse spirituelle était liée à un problème fondamental : j'étais un déçu de Dieu. J'étais déçu parce que je l'attendais où il n'était pas. En fait, je crois que je lui faisais payer l'abandon de mon père que je n'avais pas encore avalé. Je n'avais pas pris conscience à quel point Dieu avait été désolé de voir mon père refuser d'assumer ses responsabilités. Jésus pleurait quand je pleurais. Je ne le réalisais pas parce que je souffrais. Je souffrais trop. Et pour moins souffrir, je devais trouver un responsable. Mécanisme classique, pourtant : malgré mes études de psychologie, j'étais aveugle sur ma propre situation.

Le père Daniel avait touché en plein cœur. C'est fou l'impact que peut provoquer une phrase dans une vie. « Tu n'as rien à exiger de Dieu. » J'ai mis du temps à saisir pourquoi elle m'avait tant dérangée. En fait, j'avais une relation infantile vis-à-vis de Dieu. Je l'avais inconsciemment associé à ce père absent. Je nourrissais en fait une relation consumériste à son égard. Je venais vers lui de façon intéressée. Je lui réclamais une guérison qu'il ne m'accordait pas. Je vivais dans une sorte de caprice continu, l'air de rien.

Était-ce de l'orgueil ou le cri d'un enfant lessivé par la souffrance ? Peut-être un peu des deux, mais désormais, je découvrais la vraie foi. Pas la foi suscitée par une sensation spirituelle de rencontre, par un repos dans l'Esprit comme on peut vivre dans le renouveau charismatique, pas la seule foi intellectuelle, alimentée par l'étude de nombreuses « preuves », de miracles... Non, cette fois, je découvrais la foi du pauvre. La foi du mendiant. La foi de l'aveugle-né sur le bord de la route. Le mendiant ne perd pas du temps à chercher qui est responsable de son état, ce n'est plus son problème, s'il veut survivre, il doit trouver de quoi manger. Ce n'est pas que je devenais un vrai pauvre, c'est que j'acceptais enfin que j'en étais un.

> « Seigneur, je n'ai pas le cœur fier ni le regard ambitieux ; je ne poursuis ni grands desseins, ni merveilles qui me dépassent. Non, mais je tiens mon âme égale et silencieuse ; mon âme est en moi comme un enfant, comme un petit enfant contre sa mère. Attends le Seigneur, Israël, maintenant et à jamais. » (Psaume 130)

Comprenons bien : Dieu ne nous interdit pas de demander des grâces, nous pouvons formuler des prières de demande. Jésus nous y invite lui-même : « Demandez, on vous donnera ; cherchez, vous trouverez ; frappez, on vous ouvrira » (Mt 7,7). Mais nous ne devons rien exiger de Dieu. Quand on exige quelque chose de quelqu'un, on lui retire sa liberté, on ne lui laisse pas le choix. On ne le respecte plus.

Une question de confiance

Je voudrais rassurer ici ceux qui aiment vraiment le Bon Dieu et qui pourraient avoir des doutes sur certains points de la foi. Je ne sais pas si je peux dire que c'est une étape indispensable dans le parcours spirituel, mais il est certain que ce sont ces doutes, cette nuit de la foi, qui m'ont permis d'atteindre aujourd'hui une foi d'abandon total, une foi d'amoureux, une foi qui est la source d'une paix indestructible.

Je me souviens que, lorsque j'avais tiré le nom de saint Jean Bosco dans la corbeille, ce nom était accompagné d'une phrase de sainte Thérèse de l'Enfant-Jésus qui disait : « L'abandon est le fruit délicieux de l'Amour. » Cette phrase, comme celle du père Federspiel, m'avait dérangé. Et comme j'avais fait des études de psycho, je savais bien que lorsqu'on est dérangé, c'est qu'il faut creuser. Pendant tout mon noviciat, j'ai médité cette phrase de Thérèse et j'ai réalisé que cette idée de ne rien exiger de Dieu et la question de l'abandon étaient étroitement liées. Aujourd'hui, quelles que soient les épreuves que j'ai à affronter, je ne fais plus aucun procès à Dieu, j'accueille, je suis dans une sorte d'obéissance au réel. « Que rien ne te trouble, que rien ne te tourmente, Dieu est là, cela suffit », nous enseigne sainte Thérèse d'Avila. La confiance semble être la clef. Nous ne sommes pas sur Terre pour avoir une vie telle que nous la souhaiterions, mais pour laisser la volonté de Dieu se déployer en nous, pour n'offrir aucune résistance au déploiement de cette divine volonté.

Après cette année si rude, je me suis donc décidé à écrire ma lettre de demande pour prononcer mes premiers vœux religieux. Une demande acceptée. Je les prononce, avec mon cher confrère Piotr, le 6 septembre 2009, à Lyon, en l'église Notre-Dame-du-Point-du-Jour, entouré des confrères, de ma famille et de mes amis.

Chez les Salésiens, on prononce des vœux pour un, deux ou trois ans, à renouveler une ou deux fois, de sorte qu'au bout de six ans de vœux temporaires, on prononce, si Dieu le veut, nos vœux définitifs. Me voilà parti pour deux ans.

Le long parcours qui conduit au sacerdoce

Commençait enfin le premier cycle d'études sacerdotales, à l'université catholique de Lyon. Traditionnellement, on fait un premier cycle de deux à trois ans de philosophie, suivi d'un deuxième de trois à quatre ans de théologie. En parallèle de mes études, je donnais des cours de religion au collège de Notre-Dame des Minimes, je donnais un coup de main à l'association de prévention de la délinquance, Le Valdocco, à Lyon et à Vaulx-en-Velin, ainsi qu'à la paroisse, où je m'occupais également de l'animation des messes et de l'aumônerie. L'agenda était bien rempli, la vie était passionnante. Après ces deux années, j'ai demandé de ne renouveler mes vœux que pour une année. Des doutes, toujours des doutes… Que c'est dur le chemin d'une vocation !

Pour cette nouvelle année scolaire, on me nommait responsable éducatif des quatrièmes et des troisièmes dans le lycée professionnel Don-Bosco, à Nice. Si ma vie spirituelle avait connu une avancée considérable lors de mon noviciat, je devais m'atteler à un autre chantier, un chantier essentiel : le vœu d'obéissance. C'était vraiment ce qui me coûtait le plus. Obéir à Dieu, OK. Mais faire confiance à des gens qui nous dirigent et qui pourraient être idiots, fous, voire hérétiques. Cela me paraissait aberrant. Si mes supérieurs avaient saisi qui j'étais, jamais ils ne m'auraient demandé de remplir cette mission auprès de collégiens. Et pourtant je devais obéir. Dans cet établissement de Nice, les Salésiens accompagnaient des gamins bien cabossés. Et je devais m'occuper de ceux qui avaient entre 13 et 15 ans. L'âge le plus compliqué. J'étais sûr non seulement de ne pas en être capable, mais également de détester une telle responsabilité. Je me sentais incapable d'avoir un quelconque rôle de « direction ». J'ai obéi. Après tout, je n'acceptais cette mission que pour un an.

Finalement, un mois n'était pas passé que j'étais comme un poisson dans l'eau. Mes supérieurs ne s'étaient peut-être pas trompés sur mon cas finalement. Comme quoi, on est parfois piètre juge de soi-même !

J'ai vécu une grande grâce durant cette période en dormant dans la chambre voisine de celle qu'occupait Don Bosco lors de ses séjours dans cet établissement qu'il avait fondé. Au bout d'un an, conforté dans l'idée que le vœu d'obéissance n'était finalement pas si terrible, j'ai renouvelé mes vœux pour trois ans. Allez, soyons fous !

Après deux années comme éducateur à Don-Bosco de Nice, j'ai été envoyé, en 2013, à la paroisse d'Argenteuil, dans le Val-d'Oise. Obéir encore. Paris, à la rigueur, mais Argenteuil... Le béton de banlieue à perte de vue, les HLM, la vie de paroisse... Rien ne m'enthousiasmait. J'étais justement entré chez les Salésiens pour ne pas être accroché à une église, mais auprès des jeunes. J'ai obéi et je dois reconnaître que cette nouvelle nomination a été une nouvelle fois inspirée, de toute évidence.

Dans cette nouvelle mission, je devais également apporter mon aide au sein de l'œuvre sociale de prévention de la délinquance, sur la fameuse Dalle d'Argenteuil, tristement célèbre, ainsi qu'au collège Saint-Joseph dont nous étions voisins et, bien entendu, à la paroisse. Dans ce nouvel environnement, je découvrais la richesse de la population de banlieue qu'au fond je connaissais bien mal. C'est avec eux que je bâtirai cette superbe aventure de Cap Cœur. J'y reviendrai.

Enfin est venu le temps des vœux définitifs. Je les ai prononcés lors du grand rassemblement annuel des jeunes du réseau salésien, le « Campobosco », le 23 août 2015, en l'année du bicentenaire de la naissance de saint Jean Bosco. Quelle joie! S'engager pour toute la vie, devant mes frères et sœurs salésiens, devant des centaines de jeunes, mais aussi devant ma famille venue pour l'occasion et tant d'amis, que c'est beau!

Les combats concernant ce choix définitif n'ont pas manqué, mais on peut dire que, les années passant, j'ai eu la grâce d'être de plus en plus apaisé.

Ces vœux étaient vraiment importants pour moi car ils étaient le préalable à un appel au sacerdoce. Dès le début de mon parcours, j'ai exprimé mon désir de devenir prêtre, mais encore fallait-il que l'Église m'appelle par la bouche de mes supérieurs hiérarchiques. J'avais tellement hâte d'être prêtre que j'avais demandé à faire mes vœux définitifs un an plus tôt. On me l'avait refusé. C'était cuisant, mais c'est aussi dans cette attente, dans cette dernière année, qu'a mûri cette conviction que je devais me détacher de mes désirs propres. Être prêtre, c'est répondre à un appel de l'Église. Je n'avais pas à faire pression. Je n'avais rien à exiger, encore une fois.

Dieu merci, mes supérieurs ne m'ont pas fait trop attendre. J'ai été appelé à l'ordination diaconale quelques mois plus tard. Le 15 novembre 2015, à Argenteuil, Mgr Stanislas Lalanne, évêque de Pontoise, m'ordonnait diacre. Grand événement pour la paroisse d'avoir une ordination sous son unique clocher. Et quel clocher ! Un bâtiment bunker comme on savait si bien faire dans les années soixante. L'église Saint-Jean-Marie-Vianney est bien la plus moche des environs, mais ses paroissiens sont les plus attachants jamais rencontrés. Tellement d'amour, d'affection, tellement de vitalité, de dévouement et aussi… de couleurs. Les quelques blancs de peau étaient portugais ou espagnols. Le reste, c'était la chaleur des îles et d'Afrique, la ferveur de l'Asie, tous les continents étaient réunis pour ce grand événement d'une ordination à domicile. Les danses, les chants, les cris de joie, la fête a été complète. Pour cette année de diaconat, je suis resté à Argenteuil, au service des jeunes et de la paroisse.

Un peu avant l'ordination, en guise de retraite annuelle, plutôt que de la vivre avec mes confrères, j'ai demandé à me faire aider par un ami très chrétien, praticien en Gestalt-thérapie, pour une sorte de mise à jour par un travail sur moi. J'en profitais pour jeûner 5 ou 6 jours. Et lors de ce « travail », j'ai pris conscience de quelque chose à l'intime de moi-même que mystérieusement je n'avais toujours pas saisi : je n'étais pas un « abandonné ».

Mon père m'avait abandonné, certes, mais son action ne me définissait pas, son action ne faisait pas de moi « un abandonné » en tant que tel.

Puisque nous sommes toujours plus que nos actes ou nos paroles, *a fortiori* nous sommes toujours plus que les actes ou les paroles des autres. Si ton père t'accuse de « bon à rien », de « raté », de « minable », ça ne fait pas de toi un bon à rien, un raté, un minable. Si ton père te frappe, ça ne te définit pas comme quelqu'un de mauvais, méritant d'être frappé.

Si ton père t'abandonne, cela ne fait pas de toi un « abandonnable », un abandonné. En effet, Dieu le Père, lui, ne m'a jamais abandonné. Alors pourquoi l'action de mon père-géniteur devrait me définir davantage que celle du seul qui mérite le nom de Père, de qui toute paternité tire son essence ?

N'est-il pas vrai que nous avons tous tendance à idolâtrer nos parents et à leur donner un tel pouvoir ? Ce pouvoir de nous définir par leurs paroles ou leurs actes alors que seul Dieu fonde mon être ?

Je réalisais donc, à 30 ans passés, que je traînais encore en moi cette poisse de l'abandonné qui colorait toute ma vie. Mais surtout que j'étais abandonné parce que j'avais accepté de me définir ainsi à partir de mon histoire, alors que je ne l'avais pourtant jamais été.

> « Jérusalem disait : "Le Seigneur m'a abandonnée, mon Seigneur m'a oubliée." Une femme peut-elle oublier son nourrisson, ne plus avoir de tendresse pour le fils de ses entrailles ? Même si elle l'oubliait, moi, je ne t'abandonnerai pas. Car je t'ai gravée sur les paumes de mes mains, j'ai toujours tes remparts devant les yeux » (Isaïe 49).

Cet ami qui à un moment donné a su me dire : « Tu n'es pas abandonné » a été comme un messager divin d'une vérité qui libère. « La Vérité vous rendra libre », dit Jésus.

Tu es « abandonnable puisqu'on t'a abandonné » : cette maxime intérieure trônait comme une malédiction et expliquait nombre de mes dysfonctionnements psychologiques. Toutes mes soifs de reconnaissance, d'être admiré, de plaire, etc. s'évanouissaient.

En tout cas, cette prise de conscience fut une ultime libération. Celle dont j'avais besoin à quelques mois de l'ordination. Comme le Seigneur est bon. Il sait ce qu'il faut à chacun et dispense ses grâces quand il faut, même si parfois on peste en se disant qu'il était temps de comprendre enfin telle ou telle chose !

Je déplore si souvent ma lenteur, mais j'estime que Dieu respecte mon rythme et que c'est ainsi, je suis lent à mûrir.

Enfin prêtre !

Puis, la date d'ordination a été fixée au 25 juin 2016, à la cathédrale de Pontoise. Ce jour béni que j'attendais depuis ma conversion était arrivé ! 2016 avait été proclamée Année jubilaire de la miséricorde, par le pape François. Un magnifique signe pour moi qui avais soif de devenir prêtre pour porter la miséricorde de Dieu aux âmes. Et le 25 juin, on fête l'anniversaire des apparitions de Medjugorje mais également l'anniversaire de ma mère. Un vrai cadeau pour elle qui était devenue ermite consacrée.

Deux heures de célébration après vingt-cinq années d'attente. Une impatience que mes nuits spirituelles n'avaient pas réussi à écorner. Un véritable miracle. Quand je relis mon histoire, j'ai l'impression d'avoir été créé pour devenir prêtre, d'avoir été converti par la Vierge Marie précisément pour cette vocation.

Pour la messe, j'ai eu la chance d'être entouré de nombreux amis artistes. Grégory Turpin animait. Se sont également déplacés Thierry Ostrini du groupe Exo, Diego Baeza, Christian Frappier du Québec, Elena Wassilieva et Robert Boschiero, des chanteurs lyriques internationaux, ainsi que les enfants et les familles de la chorale que j'avais montée à Argenteuil. La journée tout entière a été placée sous le signe de la musique, la deuxième passion de ma vie, après Dieu.

Je n'ai pas ressenti grand-chose pendant la messe, on est comme sur un gros navire : une fois que tout est prêt, la traversée se fait paisiblement. En sortant sur le parvis, en revanche, j'ai senti quelque chose de tout à fait spécial. Passé les grandes portes de la cathédrale lors de la procession finale, je me suis retrouvé dehors. Et là, une sensation étrange s'est emparée de moi. J'ai pris conscience de ne plus être le même. Et que ce changement serait irréversible. Comme si j'avais de nouveaux yeux, un nouveau cœur, une nouvelle âme. L'âme d'un pasteur. Et mes mains... Mes mains auxquelles j'avais toujours accordé beaucoup d'attention en tant que pianiste, ces mains désormais serviraient à bénir, essuyer les larmes, à encourager, à consacrer.

Comment ne pas penser à cette phrase de la mère de Don Bosco, juste après son ordination : « Te voilà prêtre. Chaque jour, tu diras la messe. Rappelle-toi bien ceci : commencer à dire la messe, c'est commencer à souffrir. » Ma vocation, ce serait de s'offrir, quitte à souffrir. J'étais désormais totalement mis à part pour les âmes, consacré pour elles. C'est immense. Pas du tout angoissant, mais vertigineux.

Tous les chrétiens sont appelés à imiter Jésus, à le suivre fidèlement, mais en tant que prêtre on est configuré au Christ, on devient pasteur comme lui. On n'est plus seulement une brebis, il nous hisse au rang de bergers, comme lui. Il nous confie des pouvoirs sacrés ahurissants. Si nous-mêmes en étions davantage conscients, l'Église changerait de visage. Et si les gens le savaient, aussi.

On s'étonne des privilèges passés du clergé. On s'en offusque même. On a jeté tout cela à la poubelle. Mais ce faisant, on a jeté aussi la conscience de la grandeur du sacerdoce. Sous prétexte de retour à la pauvreté évangélique, on a fini par dissoudre la valeur du prêtre qui est devenu un homme comme un autre. C'est pourtant si grand le sacerdoce. Si grand que cela reste caché. Comme tout ce qui est grand. Comme la présence réelle de l'Éternel dans la miette d'hostie. Je ne peux écrire cela sans trembler. Quelle indignité ! Quelle folie aussi de la part de Dieu d'octroyer un tel pouvoir à de si fragiles créatures ! Dieu que c'est beau ! Et dire que tant de gens nous plaignent et militent pour qu'on puisse un jour se marier... Ah s'ils savaient ! Je ne connais rien d'aussi beau sur terre que le sacerdoce, excepté peut-être la maternité. Chaque jour, chaque semaine, chaque mois, chaque année depuis cette date d'ordination renforcent cette conviction.

Ma joie de prêtre

Dès les premiers mois de sacerdoce, il m'a paru évident que la confession était ma plus grande joie. Encore un sujet d'émerveillement sans fin. Que c'est admirable de voir une âme revenir à Dieu et de pouvoir contempler la miséricorde de Dieu en action. Depuis l'enfance, accueillir les confidences des gens me passionne. Quand quelqu'un nous livre ses secrets, c'est une grande preuve de confiance. C'est la raison pour laquelle je remercie toujours ceux qui m'honorent de cette confiance. Il y a déjà quelque chose de divin dans ces échanges. L'Esprit souffle dans la confidence. C'est le point de départ de tant de guérisons.

Mais ce qui est exceptionnel dans la confession, c'est qu'on n'est plus uniquement dans la dimension humaine de la confidence. On est aussi témoin, parfois même de manière palpable, de la tendresse de Dieu. Dans le confessionnal, il m'arrive d'être submergé de larmes et d'émotions spirituelles. C'est comme si l'immense tendresse du Père me traversait littéralement, me laissant K.-O. Vraiment, lors d'une confession, nous vivons fréquemment une véritable effusion du Saint-Esprit. Recevoir des paroles précises pour celui qui frappe à la porte de la miséricorde, c'est extraordinaire, pour le pénitent comme pour moi. S'ensuit une libération, voire une conversion. Les personnes qui viennent se confesser sont parfois là uniquement pour vider leur sac, mais elles n'imaginent pas que c'est tellement plus que ça. C'est un lieu de conversion. C'est un lieu de dialogue intime entre une âme et son Créateur. Et le pauvre bougre de prêtre est à la fois témoin et acteur de cela.

Une autre joie dans ma vie de prêtre, ce sont les multiples rencontres en raison même de mon apparence de prêtre. Autant de rencontres manquées quand on cache notre sacerdoce. Pour cela, il est important que je sois identifié comme un prêtre. Comme je le disais plus haut, il me semble qu'aucun prêtre ne porte le col romain chez les Salésiens. Si j'ai décidé de le porter, c'est justement pour qu'on identifie bien le prêtre, qu'il n'y ait pas de confusion. Mes aînés ont discerné qu'il fallait la mettre en veilleuse, ne pas se faire remarquer, se fondre dans la masse.

Mais je préfère m'en tenir au directoire des prêtres, c'est-à-dire aux recommandations du Magistère concernant le sacerdoce :

> « Dans une société sécularisée et qui tend au matérialisme, où les signes extérieurs des réalités sacrées et surnaturelles s'estompent souvent, on ressent, particulièrement aujourd'hui, la nécessité pour le prêtre – homme de Dieu, dispensateur de ses mystères – d'être reconnaissable par la communauté, également grâce à l'habit qu'il porte, signe sans équivoque de son dévouement et de son identité de détenteur d'un ministère public. Le prêtre doit être reconnu avant tout par son comportement mais aussi par sa façon de se vêtir pour rendre immédiatement perceptible à tout fidèle et même à tout homme son identité et son appartenance à Dieu et à l'Église. » (article 66)

Pour cette raison, le prêtre doit porter « un habit ecclésiastique digne, selon les normes indiquées par la conférence épiscopale et selon les coutumes locales légitimes [...] Sauf des situations totalement exceptionnelles, ne pas utiliser l'habit ecclésiastique peut manifester chez le clerc un faible sens de son identité de pasteur entièrement disponible au service de l'Église ». Et un peu plus loin : « Porter un habit clérical est, en outre, une sauvegarde pour la pauvreté et la chasteté. » Cette remarque est très juste à mon sens.

Malgré nos différences de points de vue, il ne me semble pas que cette question de l'habit soit un sujet de crispation avec mes confrères. Le fait que je porte le col romain les étonne, mais ils ne m'en tiennent pas rigueur. Si je m'écoutais, je porterais une soutane, elle est beaucoup plus évidente, comme la bure d'un moine. On peut ne pas voir le col romain, mais pas la soutane, autrement dit un homme en robe, ça attire le regard aussitôt. Mais je comprends aussi qu'elle peut éveiller des angoisses idéologiques complexes. Alors j'opte encore pour le col romain, avec une chemise noire de préférence car plus visible, et, la soutane, je la garde pour les vacances et les voyages, autrement dit pour des espaces où on ne me connaît pas et où je préfère afficher la couleur.

Ce que je ne veux pas, c'est laisser planer le doute sur mon état. Quel dommage aujourd'hui que le port de la soutane puisse être interprété comme une revendication ou de l'intégrisme, alors que c'est uniquement le signe de notre consécration au Seigneur… J'ai été très touché par mon confrère prêtre, Vincent de Mello, qui décrit la soutane comme un linceul. C'est tellement bien dit. Être prêtre, c'est mourir à soi-même, mourir à sa volonté, pour être totalement perméable à l'action divine.

En outre, ce signe distinctif implique de faire davantage attention à la manière dont on se comporte en société. Le moindre écart de comportement devient, quand on est identifié comme prêtre, un contre-témoignage, et se transforme en source de scandale. Encore un autre moyen de préserver notre sacerdoce, l'habit ecclésiastique nous contraint à rester prêtres, toujours et partout.

Mes premiers pas

Après mon ordination, je suis resté à Argenteuil, vicaire de paroisse et aumônier du collège et du lycée Saint-Joseph ainsi que de l'école Notre-Dame.

Mes premières années de sacerdoce ont été très formatrices. J'ai commis à peu près toutes les erreurs basiques du jeune prêtre, péchant constamment par naïveté. J'ai rivalisé de maladresse, n'imaginant pas que telle parole, tel acte, telle attitude puisse déranger, décevoir, voire blesser. Certaines personnes malveillantes, qui scrutaient, dans l'ombre, mes faits et gestes, m'ont même créé des ennuis. Au fil du temps, j'ai compris qu'un prêtre devait sans cesse aiguiser son attention, sa prudence.

Je rencontrais, par ailleurs, un vrai enthousiasme chez les jeunes, ce qui devait en agacer plus d'un. Jésus m'avait pourtant mis en garde quand il avait dit : « Voici que moi, je vous envoie comme des brebis au milieu des loups. Soyez donc prudents comme les serpents, et candides comme les colombes » (Mt 10,16). Qu'importe, c'est le lot de nombreux pasteurs. Je n'ai pas fait exception à la règle. Et je chuterai et on me fera chuter aussi souvent que le Bon Dieu en aura besoin pour casser mon orgueil. De toute façon, on a beau être aussi prudent que possible, Satan est plus intelligent. Alors, il ne reste qu'une seule chose à faire : s'abandonner à Dieu qui veille à tout et prend soin de nous.

Bien avant d'être prêtre, j'avais déjà saisi combien certains propos affectueux pouvaient être très mal interprétés. C'est un grand danger pour un prêtre de nos jours. J'ai dû faire un énorme travail, surtout dans mes relations éducatives, pour filtrer ma spontanéité chaleureuse. Pour autant, il ne s'agit pas de renoncer à l'affectivité dans la relation à autrui, y compris dans la relation éducative, mais il s'agit de constamment veiller à notre propre état affectif.

De nouvelles questions m'ont alors travaillé? Étais-je vraiment adapté pour ce monde dont je n'avais pas tous les codes? J'ai longtemps pensé ne pas être assez outillé pour cette vie en société. Avec le recul, je pense même que ma naïveté m'a protégé pendant des années. Dans le ministère de prêtre, elle a pu me desservir. Cependant, grâce à la vie communautaire, grâce à mes amis, et grâce à mes erreurs aussi, le Seigneur m'a appris à ajuster mon comportement aux différentes situations. Pour avancer, il faut constamment se remettre en question et se réjouir des critiques en les envisageant comme des opportunités de croissance. Je crois que c'est aussi pour cette raison que le Seigneur me voulait chez les Salésiens. En tant qu'éducateurs, ils ont développé des réflexes de « correction fraternelle ». Ils ne laissent pas un confrère s'enliser dans des erreurs ou des comportements inadéquats. Cet écrin fraternel qui vient nous contenir, nous empêcher de trop déborder, est très précieux. Je suis tellement pauvre et fragile et, en même temps, il faut l'admettre, « charismatique », que j'ai absolument besoin de ce garde-fou.

Mission auprès des jeunes en Normandie

Après six années délicieuses à Argenteuil, mes supérieurs m'ont invité à me rendre à Giel, dans l'Orne, pour prendre la direction des études du collège. Il s'agit d'un établissement scolaire, regroupant un collège, un lycée professionnel et un lycée agricole. Nos missions ne sont jamais très longues chez les Salésiens. Cela permet de ne pas trop s'attacher à nos ouailles et nous maintient dans un bon dynamisme missionnaire. Les changements de direction permettent également d'apporter un nouveau regard et un vent de fraîcheur dans les établissements dont nous avons la charge. Cette fois, la province me demandait de devenir directeur. Même si ce n'était qu'un petit collège, j'avais tant à apprendre. J'ai dû saisir et comprendre rapidement tous les rouages de l'établissement et les postures institutionnelles à adopter. Un vrai défi pour un artiste comme moi !

Comble du malaise, je prenais la place d'un directeur extraordinaire. La tâche allait être rude. Ce n'était pas simple pour ceux qui s'étaient attachés à ce merveilleux prêtre d'accueillir un nouveau, jeune et sans expérience. À ma grande surprise, j'ai découvert assez rapidement que j'avais plus de décalage culturel avec ces Normands de l'Orne qu'avec la population de banlieue. J'avais pourtant grandi à la campagne. Certainement, ma culture méditerranéenne m'avait-elle rendu plus proche des cultures maghrébines, antillaises ou africaines. Un temps d'adaptation a donc été nécessaire. Ici, les réunions commençaient à l'heure, les personnes avec qui je discutais ne s'emballaient jamais, les premiers contacts étaient courtois mais sans grande chaleur. Je crois que, dans cette région, les gens prennent leur temps avant d'accorder quelque crédit à qui que ce soit. À Argenteuil, je devais refuser de nombreuses invitations à dîner, tellement j'en avais. Ici, les premiers qui m'ont invité étaient des « étrangers » (non-Normands). Quant aux autochtones, ils ont laissé passer deux ans avant de me laisser entrer chez eux.

Derrière cette apparente froideur, j'ai découvert des personnes sérieuses et fiables. Dans le Sud, en cinq minutes, on se tape dans le dos en trinquant sur la terrasse au soleil, mais quand il faut passer des paroles aux actes, on peut subir quelques déconvenues… Ici, pas question de familiarité, mais une fois qu'on est adopté, alors les gens sont là pour vous, et quand ils promettent un coup de main, ils le font vraiment.

À l'heure où j'écris ces lignes, je suis encore en mission à Giel. Malgré les nombreux défis auxquels je suis confronté, je suis habité d'une joie immense. Joie de me mettre au service de jeunes. Joie d'être cet esclave des âmes, joie d'être au service dans le quotidien de mes chers collégiens, joie de prier pour eux et avec eux, joie enfin d'être là où Dieu me veut et de faire sa volonté.

Chapitre 4
Qu'est-ce que la pédagogie Don Bosco ?

« Sans vous je ne peux rien faire. »
(Don Bosco aux enfants)

Posture intérieure indispensable

La soif des âmes m'a poussé à devenir prêtre. C'est encore elle qui me guide dans ma mission d'éducateur salésien. Mieux, je dirais que cette soif est un prérequis indispensable à toute bonne éducation. Notre objectif n'est pas uniquement de guider les enfants qui nous sont confiés dans cette vie sur Terre, nous visons l'Éternité. Si nous oublions leur salut, alors notre éducation sera incomplète. Quand nous accompagnons un enfant en ayant dans le cœur l'idée de lui montrer le chemin du Ciel, nous envisageons sa personne dans son ensemble. Cette vision englobe tout. En ne s'adressant pas seulement à son intelligence, mais aussi à son cœur et à son âme, nous pouvons mieux orienter nos actions, prendre du recul, rester connecté à l'Essentiel et éviter de nous éparpiller.

Cette posture intérieure me paraît vraiment capitale chez tous ceux qui ont la responsabilité de jeunes, qu'ils soient parents, enseignants ou éducateurs. Les échecs, les erreurs, les chutes, les crises, les redoublements… tout se relativise à l'échelle de l'Éternité. Nous sommes à la fois plus sereins sur les petites choses et en même temps nous prenons conscience de la gravité de notre mission qui n'est rien de moins que le salut des âmes.

Dans les formations d'éducateurs chrétiens, de parents, de chefs d'établissement, ou d'animateurs en pastorale que je donne, j'insiste beaucoup sur le fait que nous ne sommes pas seulement dans un face-à-face avec Dieu, nous sommes aussi dans un côte à côte. « Je ne vous appelle plus serviteurs, car le serviteur ne sait pas ce que fait son maître ; je vous appelle mes amis », nous dit Jésus (Jn 15,15). La révolution du christianisme est concentrée dans cette phrase et doit éclairer notre approche éducative. La déférence envers Dieu est absolument fondamentale, mais cet immense respect ne doit pas nous faire oublier que Dieu souhaite établir avec l'homme une relation d'intimité, de connivence, une familiarité même. Dieu nous hisse à lui. « *Deus homo factus est ut homo fieret Deus* », nous dit saint Irénée (« Dieu s'est fait homme pour que l'homme soit fait Dieu »). Nous passons d'un face-à-face lointain à un face-à-face intime. Mais ça ne s'arrête pas là. Nous passons aussi de ce face-à-face intime à un côte à côte. Ainsi, nous travaillons, aux côtés du Christ, au salut des âmes. Comme saint Jean qui a posé sa tête sur le côté de Jésus, nous faisons nôtres les préoccupations de son Saint Cœur. C'est cela être apôtre. On devient les collègues du Christ. On bosse ensemble. Prendre conscience de la dignité de cette mission change automatiquement notre regard et notre manière de travailler.

Cette soif des âmes est la clef de l'éducation. Mais, pour être plus exact, il faudrait dire que c'est l'amour ardent du cœur transpercé de Jésus et du cœur immaculé de Marie qui doit nous animer. C'est au contact de ces cœurs unis que jaillit cette brûlure intérieure. Le cri de l'éducateur est celui de saint Dominique : « Mon Dieu, ma miséricorde, que vont devenir les pécheurs ? »

Est-ce à dire qu'un éducateur non chrétien ne serait pas capable d'éduquer correctement un jeune ? Bien sûr que non ! Les efforts d'accompagnement et d'écoute ne seront jamais inutiles. « L'amour ne passera jamais » (1Co 13,8). C'est même édifiant de contempler la générosité d'éducateurs ou de parents non chrétiens qui déploient des énergies immenses pour ceux qu'ils aiment.

Importance du regard

Mais pourquoi cette posture intérieure, cette soif des âmes, est-elle capitale ? Parce qu'elle façonne notre regard. Un regard en dit souvent plus long que bien des paroles. Lors de mes conférences, je montre le visage de Don Bosco, et ce qui frappe le plus les gens c'est son regard. Il vous regarde en profondeur, jusqu'à l'âme. Un jeune se sent vraiment rejoint quand il est regardé ainsi.

Ce qui est vrai au sens propre l'est aussi au sens figuré. « Les vrais, les seuls regards d'amour sont ceux qui nous espèrent, qui nous envisagent au lieu de nous dévisager », disait le père Paul Baudiquey. Ce regard, c'est également une manière d'envisager un jeune, de le croire capable de grandes choses même dans les situations les plus critiques. Notre regard doit pouvoir le rejoindre, dans ce qu'il y a de plus blessé. Quand Jésus rencontre le jeune homme riche qui cherche à faire la volonté de Dieu en toute chose, il prend le temps de le regarder. Saint Marc écrit : « Jésus posa son regard sur lui, et il l'aima » (10,21). Je vois dans ce regard une fièvre ardente et amoureuse pour l'âme.

Il s'agit, en fait, d'apprendre à regarder chaque jeune qui nous est confié comme le Christ le regarde, c'est-à-dire en considérant toute sa valeur, toute sa grandeur. Cet adolescent si difficile, celui qui sait parfaitement comment nous mettre en colère, qui appuie là où ça fait mal, Jésus a donné sa vie pour lui. Il a versé son sang pour lui. Jésus est mort pour ce gosse insupportable, comme pour moi. Chaque personne vaut le sang de Dieu. Le réalisons-nous vraiment ? C'est cela être collègue du Christ en croix, c'est voir comme lui. C'est laisser cet amour excessif du Père pour son enfant saisir nos entrailles. Alors, de nos yeux se dégagera un amour véritable, car nous verrons la valeur inestimable de chaque être que le Seigneur met sur notre chemin. « Tu as blessé mon cœur, d'un seul de tes regards », lit-on dans le Cantique des cantiques (4,9). Un verset que j'ai fait broder sur ma chasuble d'ordination. Le regard d'un éducateur peut bouleverser le cœur.

Éduquer son regard

D'où l'importance d'éduquer notre regard. Trop souvent, nos blessures ont en effet abîmé notre vision de nous-mêmes, des autres et de Dieu.

Mon regard sur moi-même

Pour être un bon éducateur, je dois tout d'abord me regarder tel que je suis, accepter mes limites, mais aussi être conscient de mes qualités, de mes dons. Faire le deuil d'un moi idéal et imaginaire. Si je ne porte pas sur moi un regard de vérité, je ne pourrai pas avoir un regard ajusté sur l'autre. C'est pourquoi l'éducateur ne peut faire l'impasse d'un travail intense et continu sur lui-même.

Certains disent que pour aimer les autres, il faut s'aimer soi-même, s'appuyant parfois sur le commandement de Dieu : « Tu aimeras ton prochain comme toi-même. » Mais en hébreu, ce qu'on traduit par « comme » ne signifie pas « tu aimeras ton prochain comme tu aimeras toi-même », mais « tu aimeras ton prochain en tant qu'il est un autre toi-même ». En effet, l'amour est nécessairement altérité. Il n'y a pas d'amour sans relation. C'est bien la raison pour laquelle Dieu est Trinité. Il est relation en lui-même, Père et Fils et Saint-Esprit. S'il n'était qu'une monade, qu'une solitude, qui aimerait-il ? Dieu est amour, donc Dieu est relation. Il n'a pas attendu la création des anges ou des hommes pour commencer à aimer. Il a toujours aimé. D'où cette évidence de l'altérité en Dieu même. Dieu ne s'aime pas lui-même. Le Père aime le Fils qui aime le Père par l'Esprit Saint, amour du Père et du Fils.

Retenons simplement que l'amour est nécessairement altérité et que si on attend de s'aimer soi-même pour aimer les autres, on n'aimera jamais. Aussi vrai qu'il ne faut pas attendre d'avoir guéri toutes nos blessures pour devenir éducateur. Dieu ne demande pas tant de s'aimer que de s'accepter aimable, de se laisser aimer, c'est déjà beaucoup et parfois très difficile.

Ce regard juste sur soi est nécessaire car les jeunes flairent nos conflits intérieurs. Ils ne nous épargnent pas d'ailleurs. Ils ne cherchent pas à nous blesser, mais à connaître les limites de leur environnement. Ces limites les contiennent. Ces limites les sécurisent. Nous avons plus de chance d'avoir de l'autorité quand on est au clair avec nos failles, car ainsi on dégage une solidité. Non pas une solidité de l'homme parfait, mais la solidité de l'homme qui se sait imparfait et qui l'assume sereinement.

Mon regard sur le regard des autres

Qu'en est-il du regard des autres ? Suis-je libre ? Mes actions ne doivent pas être dictées par la peur d'être jugé, mais pour autant l'avis de mes frères a de l'importance. Comment est-ce que j'accueille les critiques ? Est-ce que j'y résiste aussitôt ? Me rendent-elles malheureux ? Sont-elles toujours injustifiées ? Un éducateur libre, qui se sait être un pauvre et une merveille à la fois, se réjouit de la critique car il y voit une opportunité de s'améliorer.

Mon regard sur Dieu

Nos représentations de Dieu conditionnent grandement notre regard sur la vie, sur les autres et sur nous-mêmes. Comme je l'expliquais plus haut, j'ai été dans une relation consumériste à l'égard de Dieu. Je l'attendais où il n'était pas et cela a contaminé ma foi et, subrepticement, mon rapport aux autres. Si je vois Dieu comme une vache à lait, à qui je ne m'adresse que pour faire des demandes, je l'instrumentalise. Et qui me dit que je n'ai pas ce rapport à l'égard de mon prochain ? Si je comprends qu'il mendie mon amour, et que je me mets à l'aimer, ma disposition de cœur sera radicalement différente vis-à-vis de lui et par là même des autres.

La plupart des gens abandonnent la foi parce que leur représentation de Dieu est polluée par leur imaginaire et leur histoire blessée. Aimer la Vierge Marie peut être compliqué quand la relation avec sa propre mère a été chaotique, par exemple.

C'est le retour de l'éternelle question : « Si Dieu est bon, pourquoi la souffrance ? » Rien d'étonnant à ce genre de raccourci de pensée. C'est somme toute assez fidèle aux pensées religieuses primitives. Les personnes qui posent ces questions n'ont pas encore compris qu'en Jésus Christ, Dieu révèle qu'il n'est pas un bonhomme barbu dans les nuages qui se repaît des tragédies humaines comme un dieu antique, mais qu'il emprunte nos routes, qu'il se fait tout petit dans le ventre d'une fille d'Israël, bambin galopant dans les jupes de sa mère et à l'atelier de son père, et qu'il se retrouve écorché vif et cloué sur des poutres pour nous montrer qu'il ne dédaigne pas notre condition humaine, qu'il n'a d'autre ambition que la diviniser, qu'il ne vient pas blablater sur la souffrance mais l'habiter de sa présence. Quel tragique quiproquo que d'envisager Dieu comme hostile, voire sadique.

Mon regard sur le regard de Dieu

Pour finir, l'éducateur ne doit pas se méprendre sur le regard que Dieu porte sur lui. Est-il un surmoi dictateur qui traque mes péchés ou une réserve d'amour inconditionnel qui m'encourage à chaque instant car il m'aime à la folie ?

Devenir des contemplatifs

Une autre attitude importante est celle du contemplatif. Il y a, dans cette posture, l'idée de prendre de la hauteur. La meilleure image est celle de l'aigle. En vol il prend de la hauteur, et en même temps, son regard est précis et affûté. Un éducateur doit s'efforcer d'avoir une vision globale des personnes et des situations sans pour autant négliger les détails. Les apparents détails. En ce sens, je trouve fascinant d'observer une cour de récréation. J'y apprends tellement de choses sur mes élèves. Je découvre de multiples facettes de leur personnalité. Je suis attentif à la fatigue de Thomas, à la tristesse dans le regard de Eva, aux relations qui évoluent, à l'amitié qui se noue entre ces deux élèves de cinquième, aux sourires qui s'effacent, à la violence de Gabriel qui s'exprime, à la fierté qui illumine les visages…

Cela permet également de suivre les événements comme si nous n'y étions pour rien. Certes, nous jouons parfois un rôle capital dans l'histoire d'un jeune, mais cela ne nous appartient pas. Dieu se sert de nous, il fait même des miracles à travers nous. Mais tout est grâce. Le contemplatif ne refuse pas de voir le fruit de son travail, mais sa part de responsabilité ne lui importe guère, ce qui compte c'est que la volonté de Dieu se fasse en toute chose.

Les risques de dérives

Un vrai danger guette cependant les éducateurs. Certains viennent en effet, sans le réaliser vraiment, chercher dans la relation avec un jeune une consolation, une gratification ou encore une reconnaissance. Ce qui fut typiquement mon cas. D'autres deviennent manipulateurs pour exercer un pouvoir, d'autres séducteurs pour rassurer leur *ego* atrophié, ou d'autres encore autoritaires pour se donner une contenance. Les risques de dérives ne manquent pas, parce qu'il y a une corrélation étroite entre pouvoir et affection.

Je me souviendrai toute ma vie de Nicolas, un collègue de la MECS, qui m'avait partagé une réflexion d'un de ses professeurs en école d'éducateur : « Un jour, tu sauras pourquoi tu es devenu éducateur. » En effet, être éducateur est loin d'être un choix anodin. Très souvent, des raisons très profondes nous poussent à nous lancer dans cette voie. En ce qui me concerne, je pense notamment avoir eu un besoin de réparer, de « venger » mes carences affectives. La volonté de donner ce que je n'avais pas reçu. On peut sentir ça chez Don Bosco également, orphelin de père à l'âge de 2 ans, et qui est devenu un père pour de si nombreux jeunes. Chaque éducateur gagne à accueillir cette question : « Pourquoi suis-je devenu éducateur? » L'important n'étant pas forcément la réponse d'ailleurs. S'interroger nous évite d'être trop naïfs sur tous les enjeux affectifs inconscients qui motivent nos actes.

En effet, un éducateur gagnera toujours à être plus lucide sur ses carences. Sans quoi, elles se traduisent par des désirs de pouvoir, de domination, de manipulation, de notoriété, de gloire, d'argent, de reconnaissance, de sexe, d'emprise affective... Une naïveté ou un déni de nos pauvretés risque de nous conduire à nous servir des autres pour combler ces vides. C'est une vigilance de tous les instants.

Se laisser porter par l'Esprit Saint

Une fois que tout cela est bien mis en place, ou disons plus humblement, tandis que tout cela se met en place, car c'est un long chemin, il ne reste plus qu'à se laisser porter par l'Esprit Saint et la Vierge Marie. Don Bosco ne nous a pas laissé de manuel. Il n'y a pas de méthode infaillible ou une technique particulière pour être un bon éducateur. Une bonne vie de prière apporte, à mon sens, bien plus que la lecture de centaines de livres sur la meilleure manière de faire, même si, pour ma part, j'enchaîne continuellement des lectures sur l'éducation. Mais finalement, j'ai remarqué que c'était surtout l'Esprit Saint qui donnait la créativité nécessaire à notre action quels que soient la situation et le profil de chacun. Un bon éducateur chrétien laisse Dieu agir à travers lui. Il sait que sa docilité à la volonté de Dieu est plus importante que tout ce qu'il pourrait déployer.

Je repense à la phrase choc de Don Bosco à un brave enseignant découragé par le chahut continuel de ses élèves : « Avez-vous pensé à prier pour eux ? »

Dans le cœur à cœur avec Dieu, nous allons puiser les fruits de l'Esprit Saint que sont « la charité, la joie, la paix, la patience, la bonté, la bénignité, la longanimité, la mansuétude, la foi, la modestie, la continence et la chasteté » (Ga 5,22). Nous finirons ainsi par comprendre, de prière en prière, pourquoi certaines situations se crispent et comment les dénouer voire les éviter. Dans la prière, l'Esprit Saint féconde nos actions.

Responsabiliser le jeune

Certains leviers peuvent cependant être exploités abondamment. Je pense notamment à la responsabilisation. À l'internat, on m'a très vite confié de nombreuses responsabilités, à moi qui aurais préféré longer les murs et rester en retrait. Sans doute mes éducateurs avaient-ils compris que ces missions me permettraient de grandir en assurance. Et ils avaient vu juste. Cette confiance de mes camarades et de mes responsables a en effet permis de corriger cette estime négative de moi-même qui me paralysait.

Aujourd'hui, j'utilise la même méthode, je m'interroge sur la meilleure manière de responsabiliser enfants et jeunes que le Seigneur met sur ma route. C'est d'ailleurs ainsi que Dieu opère avec chacun d'entre nous. Contemplez dans la parole de Dieu, dans l'histoire de l'Église, dans les histoires de saints, dans notre histoire personnelle. Dieu compte sur nous. Il ne fait pas semblant. Dieu a même bien plus confiance en moi que je n'ai confiance en moi-même !

« Sans affection, pas de confiance, sans confiance, pas d'éducation », telle était la fameuse devise de Don Bosco. La confiance est en effet un mot-clé. Je repense à Abdel, un élève de quatrième qui provoquait sans cesse les adultes et se moquait de manière impitoyable de ses camarades. Un jour, sa classe s'est retrouvée sans professeur. L'éducatrice de vie scolaire m'a demandé à brûle-pourpoint de la remplacer. Elle les a fait rentrer dans la classe pour l'appel. Abdel avait gardé son bonnet. Alors que ma collègue lui demandait fermement de le retirer, il faisait comme s'il n'avait rien entendu. À la deuxième semonce, plus virulente encore, Abdel s'est décidé à obéir, mais lentement, avec insolence. J'avais observé la scène. Je m'en suis donc servi pour entamer mon cours improvisé. J'ai questionné notre jeune rebelle avec qui j'avais un très bon lien de confiance par ailleurs. Je lui ai demandé pourquoi il avait agi ainsi. Et lui de m'expliquer que cette dame l'horripilait et n'arrêtait pas de lui crier dessus. J'ai renchéri : « Pourquoi, selon vous, passe-t-elle son temps à crier sur vous ? » Face à mes interrogations, Abdel a fini par avoir les larmes aux yeux. En effet, il comprenait, au fil de nos échanges, que les seules fois où son père s'intéressait à lui, c'est quand il ramenait des mots dans le carnet de liaison. En pareille situation, la question que se pose l'éducateur est la suivante : « Comment aider ce jeune afin qu'il ne brille plus par ses "bêtises" mais par les belles choses qu'il aura accomplies parce qu'il aura été responsabilisé ? »

Encore une fois, j'ai expérimenté l'importance de contempler, d'observer et de chercher à lire entre les lignes. Le comportement inadéquat d'un enfant est souvent un symptôme. Ne rendons pas de jugements moraux. On ne juge pas un symptôme. Comme la douleur. La douleur est une information. Le comportement problématique est une information. Il est langage. Il faut apprendre à le déchiffrer. L'idée n'est pas de s'offusquer du mal qui est fait, mais de se demander pourquoi ce mal est commis. Qu'est-ce que ce symptôme révèle de l'enfant ? Qu'est-ce qu'il exprime non verbalement ? Et à qui l'exprime-t-il ? En effet, un acte a toujours une adresse, un destinataire.

Et c'est là qu'il faut contempler encore plus en profondeur. Le comportement d'Abdel pointait le dysfonctionnement relationnel avec son père. Ce genre de gamin en manque de reconnaissance, qui met souvent en échec bien des adultes de l'école, gagne à être sollicité dans ses compétences. C'est ainsi qu'il s'épanouit et qu'il finit par trouver sa place. Le comportement d'un enfant est souvent révélateur. En l'observant, on peut apprendre beaucoup sur son système relationnel, en particulier ses liens familiaux. Le comportement problématique ne témoigne pas forcément d'un problème chez l'enfant, mais dans le système relationnel autour.

J'irais même jusqu'à dire que la solution s'exprime dans le problème. Je veux dire par là qu'il remplit une mission et lorsqu'on découvre cette mission, on se dit que, décidément, la nature humaine est sacrément ingénieuse. Le jeune adolescent de 14 ans, Arthur, enchaînait mensonges sur mensonges à ses parents. En l'écoutant, en le faisant parler, j'ai fini par comprendre que ses parents l'étouffaient, le surprotégeaient. « Comment veux-tu qu'on te fasse confiance ? », se lamentaient ses parents. « Justement, ça va faire belle lurette que vous ne me faites pas confiance. Vous me surprotégez, je suis pas en sucre. J'ai grandi ! » Son comportement induisait une rupture. La rupture du cocon ?

Oui, nous les adultes avons souvent du mal à saisir que si on empêche le papillon de s'envoler, si on le garde au chaud dans son cocon, on l'empêche de grandir.

Don Bosco avait tellement raison de croire que nos jeunes ont besoin de se sentir en confiance pour mûrir. Je ne parle pas ici uniquement de bienveillance, terme que je trouve un peu galvaudé, mais bien de confiance. Dans le mot même de confiance, il y a *con-* qui veut dire « avec » et *fidere* qui signifie la « foi ». Dans la relation éducative, il ne faut pas hésiter à expérimenter ce saut dans la foi en l'autre. Nous sommes les premiers, dans l'enseignement catholique, et chez les éducateurs en général, à parler beaucoup de confiance, mais comment la traduisons-nous en acte ?

Nous préférons gérer les choses nous-mêmes, c'est plus sécurisant pour nous, plus rapide : « On n'est jamais mieux servi que par soi-même. » Confier des responsabilités, c'est plus de travail pour l'éducateur, car il est nécessaire d'accompagner certains enfants dans l'exercice de ces responsabilités. Ils vont faire des erreurs, ils vont oublier des rendez-vous, ils vont comprendre de travers… Sans compter toutes nos peurs : Et s'il arrive un problème ? Et que vont dire les parents ? Et s'il y a un accident ?

Pour parvenir à faire confiance aux enfants, gardons à l'esprit l'idée que la foi en Dieu nous aide aussi à accorder notre confiance car « nous le savons, quand les hommes aiment Dieu, lui-même fait tout contribuer à leur bien » (Rm 8,28). J'aime à dire que les erreurs permettent de s'ajuster. Osons donc prendre le risque de voir un enfant devenir autonome, prendre confiance en lui et devenir indépendant.

Je conseille, à ce sujet, un sublime reportage du « Jour du Seigneur » : *La république des Enfants* (disponible sur le site Vodeus). À Bogotá, en Colombie, un salésien, le père Javier De Nicolo, a sorti des milliers d'enfants des rues en les plaçant dans un centre dirigé par des jeunes, tous mineurs. Il s'agit d'une immense œuvre gérée par les jeunes eux-mêmes. Quelle audace !

Je crois en toi. Voilà ce que l'enfant a besoin d'entendre, de sentir.

La manière courante d'exprimer cette confiance, chez Don Bosco, était de dire aux jeunes : « Sans vous je ne peux rien faire ! » C'est une de nos maximes éducatives chez les Salésiens.

C'est pour cette raison que l'on dit qu'éduquer c'est évangéliser. Expérimenter la confiance, n'est-ce pas commencer à expérimenter la foi ? N'est-ce pas tout au moins s'en rendre familier ? Et tout cet amour qui entre en jeu dans la relation éducative, n'est-ce pas divin ? Les éducateurs labourent le cœur et la Bonne Nouvelle annoncée germera à son aise le moment venu.

La vie au collège

Toutes ces réflexions éducatives doivent ensuite trouver leur expression concrète dans le quotidien d'une œuvre éducative. Quand j'ai été nommé au collège Don-Bosco de Giel, il fallait, tout d'abord, prendre le temps d'observer tout ce qui se faisait de bon, puis élaborer quelques pistes pour améliorer ce qui avait besoin de l'être. Mais la jeunesse croit tout savoir ! Comme je plains mes collègues qui ont dû supporter ce nouveau directeur rêveur, plus artiste que rigoureux, pratiquant l'improvisation plutôt que la planification, et parfois sourd aux alertes ou conseils. La plus grande sincérité du monde ne fait pas de nous de bons professionnels de l'éducation, nous devons nous laisser enseigner par ceux qui ont de l'expérience et laisser le quotidien nous bousculer dans nos convictions éducatives.

Et puis, j'ai une nouvelle fois péché par naïveté et par orgueil sans doute. J'ai été tenté de faire *tabula rasa* en testant des pédagogies nouvelles et en rejetant des méthodes qui avaient fait leurs preuves par le passé. Le problème de celui qui pense inventer la poudre, c'est qu'il manque non seulement d'humilité, mais surtout de connaissances, notamment historiques. Et pourtant, Dieu sait combien l'humilité, l'observation, l'écoute des anciens et la prudence sont nécessaires en matière d'éducation.

Bien sûr, cette prudence ne doit pas tuer l'Esprit et ne doit pas nous empêcher d'innover, de proposer, d'expérimenter. La flamme d'un jeune éducateur peut stimuler l'audace éducative, mais cela doit toujours se faire dans le discernement et dans le temps.

Dans ce collège, les élèves sont extrêmement touchants. Parfois, je me dis que c'est Don Bosco lui-même qui, du haut du Ciel, recrute ses enfants. Un tiers d'entre eux sont internes, parfois dès la sixième. Les parents nous les confient parce qu'ils cherchent un cadre éducatif solide. Ils pensent également que l'internat leur permettra de mûrir. Mais ce n'est pas tant la pension que l'excellent système mis en place par notre éducateur de choc Francis Martel, le responsable de l'internat au collège, qui permet aux élèves de grandir. On y trouve les principaux ingrédients d'une éducation à la salésienne :

– Une vie en « communauté », et non pas en collectivité, qui s'organise comme un « grand jeu » : chaque bonne action, chaque service permet à l'élève certains avantages (gâteaux, sorties...) ; en revanche, une chambre mal rangée, un lit mal fait ou un chahut dans le couloir retirent des « points » qui permettent d'accéder à ces avantages.

– Un système basé sur l'encouragement et la valorisation des bons comportements ainsi que sur la responsabilisation de chaque élève, sans exception. Les grands de troisième devront suivre les directives d'un élève de sixième s'il est en charge du bon déroulement du coucher.

– L'organisation d'un concours d'animation sur toute l'année où des équipes s'affrontent joyeusement lors de veillées et de jeux.

– Des propositions pastorales car, même si les élèves n'ont pas la foi, nous savons que l'ouverture spirituelle est un puissant levier d'éducation.

On a parfois l'image d'Épinal d'un Don Bosco qui pratiquait une pédagogie sans sanction, voire « baba cool ». En vérité, si Don Bosco avait une véritable autorité sur les enfants grâce à son charisme, il avait mis en place un cadre qui permettait à des religieux moins « charismatiques » que lui d'être respectés. Il parlait du ver dans la pomme pour signifier qu'il faut parfois se séparer d'un jeune récalcitrant qui répand le mal au sein d'un groupe, par exemple. Il écrit lui-même : « Don Bosco est le plus brave homme du monde ; brisez, criez, faites les gamins, il saura vous comprendre parce que vous êtes jeunes ; mais ne donnez pas le scandale, parce qu'alors il sera inexorable. »

Dans mon bureau de directeur, j'ai deux objets qui symbolisent bien cette pédagogie. Un tuteur en bois tout d'abord. Il me permet de montrer, comme le ferait un professeur, des schémas de psychologie que j'ai élaborés et affichés dans mon bureau. Symboliquement, cette baguette me permet d'expliquer aux jeunes que le tuteur permet à la plante de ne pas s'avachir, mais de s'élancer vers le haut et pousser droit. Le deuxième objet est un paquet de mouchoirs. Il sert très souvent à sécher les larmes et, symboliquement, il représente un climat propice à la confidence. Cadre et écoute. Les deux poumons de l'éducation.

Nous veillons à leur offrir beaucoup d'écoute et un accompagnement personnalisé en fonction des besoins de chacun. J'ai la chance, pour cela, d'être entouré d'une équipe exceptionnelle qui, par son énergie, sa créativité, son sens de l'adaptation et de l'observation, m'a beaucoup appris.

Malheureusement, en France, les petits collèges comme le nôtre disparaissent les uns après les autres. On s'oriente de plus en plus vers une instruction industrielle plus rentable, mais bien moins soucieuse de la qualité d'accompagnement des enfants. Quand je suis arrivé à Giel, j'ai compris tout le bienfait de ce genre de petites structures bien plus à même de faire du sur-mesure et de créer les conditions d'un esprit de famille.

Sauver les collèges de campagne

En tant que prêtre salésien, je ne me sens pas appelé à sauver un établissement scolaire, mais quand je vois le déclin démographique des campagnes, les classes qui ferment les unes après les autres, et, en même temps, le bien que nous apportons à ces jeunes, je me sens comme tenu de me battre pour faire davantage connaître notre collège et le sauver du naufrage.

C'est un sujet que j'ai abordé dès mon premier conseil de direction des élèves. Cette instance, créée en 2020, a pour vocation de faire participer les collégiens aux grandes décisions, afin qu'ils prennent conscience que l'avenir de leur école est entre leurs mains. Nous revenons à cette question de la responsabilisation. Ne donner un rôle de consultation qu'aux délégués de classe me paraissait trop léger. En endossant le rôle du directeur, j'ai réalisé combien cette responsabilité me faisait grandir. Pourquoi ne pas faire goûter cette expérience à des élèves volontaires ? Et des volontaires, nous en avons eu beaucoup ! Nous avons dû organiser des entretiens d'embauche pour vérifier leur motivation, pour faire une sélection. C'était un bon exercice pour eux par ailleurs.

Dans ce conseil, ils ne sont plus dans un rapport de consommation et de critiques systématiques vis-à-vis des mesures prises par la direction, mais ils deviennent acteurs de leur propre avenir, en entrant dans les processus de décisions. « En proposant mes idées, je participe à la belle aventure de ma propre scolarité, de celle des autres, et de celle de l'avenir… » Et ils ne manquent pas d'idées ! C'est ainsi qu'on propose désormais de nouvelles options : chorale, art, journalisme, équitation, escalade, canoë-kayak, VTT, course d'orientation, cinéma, danse, armée-gendarmerie…

L'idée n'est pas de créer un centre aéré, mais une véritable dynamique de projets : les élèves, toutes classes confondues, bâtissent les options avec leur professeur. Par exemple, s'ils choisissent de s'inscrire en art, le professeur construit le projet avec eux : l'objectif, les différentes étapes pour l'atteindre, les actions à mener. Ou si en option sport ils visent une séquence canoë-kayak, ils doivent la budgéter et se débrouiller pour trouver les financements. C'est au conseil de direction des élèves qu'est née l'idée de former des élèves à la médiation. Ces derniers sont habilités à régler les menus conflits de la vie quotidienne.

Par ailleurs, notre collège étant implanté au cœur d'un établissement où se côtoient lycée professionnel et lycée agricole, les élèves bénéficient de multiples possibilités de découverte professionnelle : ferme pédagogique (nous élevons une centaine de vaches laitières, sans oublier la culture céréalière), agroéquipements, mécanique automobile, moto, motoculture, menuiserie, métiers de l'énergétique, architecture... Quel établissement en France offre un tel panel de découvertes ?

Importance de l'éveil spirituel des enfants

L'atout principal d'un collège de l'enseignement catholique, outre une instruction de qualité, c'est une bonne pastorale. Or, nous accueillons de très nombreuses familles qui ne sont pas catholiques. À vrai dire, nous n'avons quasiment aucun élève issu de famille pratiquante au collège. En règle générale, les parents n'inscrivent pas leurs enfants dans des établissements catholiques pour des critères religieux. Du reste, pourquoi le feraient-ils puisque la dimension spirituelle est si souvent mise de côté ? À Giel, chemin faisant, les élèves et leur famille finissent par découvrir de nombreuses propositions spirituelles. Une autre devise salésienne nous tient à cœur : « Former de bons chrétiens et d'honnêtes citoyens ».

Le laïcisme – je ne parle pas de laïcité – est devenu la nouvelle religion pratiquée partout, y compris dans nos institutions catholiques. Dans les établissements scolaires où je suis invité depuis des années pour donner des conférences, des témoignages ou un concert, je remarque qu'il n'y a pas de volonté féroce de l'ensemble du corps enseignant de mettre au placard la pastorale, mais qu'une poignée d'irréductibles anticléricaux dictent leur loi au nom d'une prétendue laïcité.

Pourtant, l'enjeu de l'éveil spirituel de notre jeunesse est capital. Ce n'est pas du dogmatisme, mais une question de connaissance de l'humanité. Imaginer l'humain sans connexion avec une réalité invisible, avec une dimension verticale, c'est vraiment une négation de l'humain. Nier le divin, c'est nier l'humain.

C'est non seulement un manque d'intelligence, mais c'est violent et dangereux. Violent parce que le priver de cet éveil spirituel c'est ne pas tenir compte d'une partie de lui-même. Et dangereux parce que le vide laissé par l'exclusion systématique de cette dimension se remplira alors d'autres choses qui, justement, détruisent l'humanité aujourd'hui : le consumérisme, l'égocentrisme, l'individualisme. Autrement dit : chassez Dieu et d'autres dieux (confort, argent, pouvoir, relations affectives hors contrôle…) reviendront au galop.

Par ailleurs, découvrir cette dimension spirituelle permet de comprendre ce que nous sommes vraiment. Et cette question est capitale au moment de l'adolescence. La différence entre un homme et une femme, par exemple, est de plus en plus niée. Nous nageons désormais dans un flou artistique, pour ne pas dire une nébuleuse de mensonges, loin de tout ancrage biologique ou anthropologique. Est-ce la science qui a chassé Dieu de nos sociétés ? Et si ce n'était pas plutôt l'absence de Dieu qui avait chassé la science ? Car si l'Homme ne sait plus ce qu'il est, alors qu'est-ce qui le distingue d'un animal ? Quand on ne sait plus qui on est, on invente, on imagine, on fantasme. C'est la mystique du néant. C'est la fuite de la réalité. C'est la fuite de la Vérité. Et si je décide de dire que je suis une femme alors que je suis morphologiquement un homme, alors quoi ? Quel est le problème ? Un humain n'est plus défini, alors tout devient possible. Définir, c'est déjà de l'intolérance. C'est facho.

Ainsi, face à cette voie sans issue, selon moi la plus grave de toute l'histoire de l'humanité puisqu'il s'agit de l'autodestruction inéluctable par excellence, nos chamailleries internes dans l'enseignement catholique devraient laisser la place à une considération urgente et sérieuse de l'identité spirituelle de l'humain.

C'est donc la raison pour laquelle j'appelle à une plus grande audace et une plus grande inventivité dans la proposition pastorale. Je ne me reconnais pas du tout dans la sempiternelle accusation de prosélytisme. « Je vous le dis : si eux se taisent, les pierres crieront » (Lc 19,40). Comme décrit plus haut, ma conversion m'a permis de découvrir l'oasis dans le désert, la source de tout bien et de toute joie, alors comment pourrai-je me taire ? S'il faut subir quolibets et autres critiques de grincheux, je prends le risque, « le disciple n'est pas au-dessus de son maître » (Mt 10,24). Et n'oublions pas : « Heureux êtes-vous si l'on vous insulte, si l'on vous persécute et si l'on dit faussement toute sorte de mal contre vous, à cause de moi. Réjouissez-vous, soyez dans l'allégresse, car votre récompense est grande dans les cieux ! » (Mt 5,11-12).

Si je ne leur propose qu'une vision horizontale du monde, si je ne leur parle pas de cette joie qui m'habite, quel est l'intérêt de ma présence ? D'autres professionnels rempliront ma mission bien mieux que moi. Nous avons donc mis en place des propositions pour permettre aux élèves de s'approcher de Dieu. Tous les matins, avant le début de la journée, j'ouvre la chapelle pendant une dizaine de minutes pour exposer le Saint-Sacrement et animer un temps de prière. Les élèves peuvent également aller à la messe plusieurs fois par semaine. Pour beaucoup, c'est la première fois de leur vie !

Et il faut reconnaître que ces questions ne les laissent pas indifférents. La question de Dieu attire. Les jeunes ont soif de trouver des réponses à leurs questions existentielles. Lorsque je passe dans les classes pour proposer de s'inscrire à l'aumônerie, je suis étonné, d'années en années, de voir le nombre de volontaires augmenter. Pourtant, l'aumônerie n'est ni sur des heures de cours ni sur un temps d'étude ! Aujourd'hui, près d'un élève sur deux est inscrit.

J'explique ce succès par la forte présence de la Sainte Vierge dans l'établissement. Encore une ruse de Don Bosco. Marie était tellement aimée de Don Bosco qu'elle se fait une obligation d'être présente dans toutes les œuvres salésiennes. Régulièrement, des élèves me disent que lorsqu'ils arrivent ici, au collège, ils ont envie de se rapprocher de Dieu. Comment pourrait-il en être autrement ? Jésus est présent à la fois dans la grande chapelle de l'établissement et dans l'oratoire de la communauté où la sainte messe est célébrée tous les jours.

Chapitre 5
S'imposer le célibat, ce n'est pas un peu bizarre ?

« Ma grâce te suffit, car ma puissance donne toute sa mesure dans la faiblesse. »
(2Co 12,9)

Un choix de vie

Cette question du célibat des prêtres revient très souvent sur le tapis. Avec un recul important du nombre de prêtres dans les pays occidentaux, certains considèrent qu'autoriser les prêtres à avoir une femme permettrait une plus grande attractivité pour le sacerdoce. D'autres considèrent qu'il y aurait moins de pédophiles dans l'Église si on supprimait le célibat. Pourtant, être marié non seulement ne prémunit pas de la pédophilie mais constitue un risque encore plus grand de dissimuler de tels actes au sein même de la famille. Par ailleurs, il est difficile de prouver que vivre avec une femme efface une orientation sexuelle ancrée.

En tous cas, il est bon de rappeler pourquoi l'Église propose ce chemin à ses prêtres.

« Les clercs sont tenus par l'obligation de garder la continence parfaite et perpétuelle à cause du royaume des Cieux, et sont donc astreints au célibat, don particulier de Dieu par lequel les ministres sacrés peuvent s'unir plus facilement au Christ avec un cœur sans partage et s'adonner plus librement au service de Dieu et des hommes », expliquait récemment le cardinal Robert Sarah, au micro d'Europe 1. Et d'ajouter : « C'est une liberté. On n'oblige personne à être prêtre. »

En effet, on me dit souvent : « Pourquoi vous interdit-on le mariage ? » Mais personne ne m'a interdit quoi que ce soit. J'ai choisi tout à fait librement de ne pas me marier pour devenir prêtre. Ce n'est pas pareil. Ce n'est pas une question d'interdit, mais une question de choix. Un choix lié à un appel de Dieu. On dit que Dieu donne ce qu'il ordonne, cela veut dire qu'il rend capable ceux qu'il appelle. C'est bien vrai. Je l'expérimente au quotidien.

Mais notre monde est tellement sexualisé que ce choix de vie n'est pas compris. On croit à la nécessité d'avoir une sexualité active pour être heureux et on ne croit plus en la grâce de Dieu. Comment peut-on, dans ce contexte, comprendre ce que nous vivons ? C'est pourtant si beau. Cela ne veut pas dire pour autant que cette continence est un chemin facile. Il s'agit d'un vrai renoncement pour un homme.

Je ne sais pas si je fais exception à la règle, mais je suis obligé de reconnaître que, en ce qui me concerne, renoncer au mariage, et par là même à une vie sexuelle, n'a pas été difficile. Sans doute que pour d'autres cette décision a dû être compliquée à trancher, mais cela n'a pas été mon cas.

Il n'y a pas de quoi s'en vanter. C'est comme ça. Pour certains, la grande difficulté est de renoncer aux biens personnels, à une maison, à une certaine gamme de voiture, etc. Pour d'autres, comme moi, c'est le vœu d'obéissance qui a été le plus difficile à accepter.

Mais comment s'épanouir humainement quand on n'a pas de vie sexuelle, me demandent souvent les jeunes ? Ce que j'essaie alors de leur faire comprendre, c'est que la vie sexuelle est de l'ordre du désir, pas du besoin. On a besoin de manger, de boire, de dormir, de respirer, mais « faire l'amour » n'est pas vital. On peut s'en passer sans mettre notre vie en danger. Mais pour cela il faut le choisir, pas le subir. Le problème c'est qu'il s'agit d'un désir très mobilisant, très envahissant, surtout à l'adolescence. Il y a une sorte de puissance liée à cet aspect incontrôlable, d'autant plus si on est exposé à de la pornographie. Mais si on n'a pas de contact avec la pornographie, le désir sexuel est tout à fait canalisable et gérable. Il s'estompe paisiblement en grandissant, en mûrissant au point que ça ne soit plus du tout un problème. Enfin, et peut-être surtout, Jésus a été clair sur cette possibilité de se consacrer dans le célibat en vue du Royaume. En l'évangile de Matthieu, chapitre 19 : « Il leur répondit : “Tous ne comprennent pas cette parole, mais seulement ceux à qui cela est donné. Il y a des gens qui ne se marient pas car, de naissance, ils en sont incapables ; il y en a qui ne peuvent pas se marier car ils ont été mutilés par les hommes ; il y en a qui ont choisi de ne pas se marier à cause du royaume des Cieux. Celui qui peut comprendre, qu'il comprenne !" » On voit bien comment la parole de Dieu a conscience que ce choix sera toujours très difficile à comprendre.

Renoncer à la paternité ?

Renoncer à la paternité, en revanche, est une question différente. Quand on est jeune religieux, ce n'est pas forcément une question qui se pose. Peut-être qu'en vieillissant, ce sujet sera source de combats intérieurs, mais ce n'est même pas certain. J'ai l'impression que plus je vieillis, plus je me détache de ces désirs. Et puis, il y a différentes manières d'expérimenter la paternité ou la maternité, pour des femmes consacrées.

Je vous partage une chanson que j'avais écrite sur ce sujet.

Sans être papa

Ref. Il est des choses que l'on ne sait pas…
Je vais vous dire ce en quoi je crois :
On peut être papa sans être père,
On peut être père sans être papa.

Bien sûr je vous souhaite d'avoir des enfants
Mais pour ceux qui n'en ont pas
Ressentez-vous ce que moi je ressens ?
Enfanter c'est transmettre la joie !

Pourtant c'est un geste de tous les jours,
Un bonjour un sourire un regard,
Suffit de chanter pas à pas l'amour,
Faire savoir qu'c'est jamais trop tard !

Et vous les mamans sans enfants,
Savez-vous que c'est comme pour les pères ?
Suffit d'aimer, d'aimer vraiment,
De faire en sorte que tous espèrent.

Ce que j'essaie de transmettre, c'est que les prêtres développent une paternité spirituelle. Quand nous aidons une personne à passer de ce monde à l'autre, quand par notre écoute un jeune reprend goût à la vie, quand nous accompagnons les familles lors d'un baptême, d'un mariage, d'un enterrement, nous créons des liens très forts. Ce n'est pas par hasard qu'on dit « Mon père » à un prêtre.

Combien de fois cette disponibilité que me donne le célibat m'a valu des appels au secours d'adolescents à deux doigts de commettre l'irréparable ? Je n'ai pas eu d'enfants, mais par cette « paternité » passagère, j'ai empêché ce jeune de se donner la mort et à une mère de pleurer sur la tombe de son fils. N'est-ce pas cela transmettre la vie ? Quand, par une simple phrase, prononcée en confession, on touche le nœud central de la vie d'un être et que la miséricorde vécue dans cet admirable sacrement guérit et libère, une nouvelle vie s'ouvre. Il y a un avant et un après. Une naissance. Une renaissance. Ce n'est pas cela être père ?

Par ailleurs, cette question de la paternité est très présente pour moi, car j'évolue au sein d'une congrégation totalement consacrée à la cause des enfants et des jeunes. J'expérimente donc au quotidien des relations de confiance avec des jeunes, relations qu'ils ne parviennent pas toujours à nouer avec leurs propres parents. C'est très précieux pour eux. Cependant, de mon côté, je dois constamment veiller à ne pas me servir de ces relations pour combler je ne sais quel manque, ou me donner une importance. Je n'ai pas à être père à la place du père. Mon unique objectif doit être la croissance éternelle du jeune. « Parents, vos enfants ne sont pas vos enfants », lit-on dans *Le Prophète* de Khalil Gibran. Cette maxime éducative vaut aussi pour nous les pasteurs.

« Pasteurs, les âmes (qui vous sont confiées) ne sont pas vos âmes. » Il n'y a pas de propriétaire en matière de relation. Vous n'êtes que des passeurs. Notre mission est d'aider, à la suite de Moïse, le peuple de Dieu à traverser la mer Rouge, la vallée de la mort, pour les conduire à la vie, la vraie Vie. La phrase que tout bon père, tout bon éducateur, devrait se rappeler au contact de ses enfants, est celle de saint Jean Baptiste au sujet de Jésus en Jean 3,30 : « Lui, il faut qu'il grandisse ; et moi, que je diminue. » Puis se retirer. Discrètement. Sans faire de bruit.

Plus disponible et plus accessible

Mon célibat m'offre une grande liberté et une disponibilité totale au service des jeunes. Je n'ai pas de femme, je n'ai donc pas d'enfant et cela me permet d'avoir pour priorité les âmes que le Seigneur met sur mon chemin. Si j'étais marié, ma vie serait offerte à mon épouse, ma priorité, ce serait elle ! Elle et le fruit de notre amour, à savoir les enfants. C'est important de souligner qu'en devenant prêtre, je ne renonçais pas uniquement à une vie sexuelle et à la paternité, je renonçais également à une femme, cette amie si intime, cette confidente, ce compagnon de route, que j'aurais pu aimer et protéger, qui aurait pu me comprendre, me consoler et sur laquelle j'aurais pu m'appuyer. Ce n'est pas rien.

Si Don Bosco a été un si bon éducateur, c'est en grande partie parce que les jeunes savaient qu'ils avaient une place très importante dans sa vie, qu'ils étaient la priorité. Comme s'ils étaient la chair de sa chair. Il s'agit de les aimer comme Jésus les aime. Ces enfants dont je suis responsable ne sont pas les miens, mais je les porte véritablement à bout de bras dans la prière, dans le jeûne, dans mes sacrifices, comme un père. C'est toute la beauté de notre vocation de salésien.

Ainsi donc, ma priorité n'est pas mon épouse, mais toute âme que le Seigneur me confie. Quel beau cadeau pour les âmes quand j'y pense ! Être entourées de personnes – les prêtres – dont le seul souci est le bien de son âme. Don Bosco disait qu'un jeune reconnaît très bien celui qui cherche ses intérêts éternels.

Nous travaillons au service des jeunes, nous nous efforçons d'être professionnels, mais ce n'est pas une profession. C'est une consécration. Une vie consacrée. Pas juste un métier.

Je ne dis pas que c'est mieux ainsi, c'est différent, c'est une grâce, pour les jeunes, et pour nous. Si le témoignage que je livre aujourd'hui pouvait susciter des vocations de salésiens, ce serait merveilleux car les jeunes ont urgemment besoin et méritent d'être éduqués par des personnes qui vouent leur vie à leur service. Pour tout dire, c'est ce qui m'a convaincu d'accepter d'écrire ce livre : donner envie à des jeunes qui se poseraient la question de la vocation de suivre Don Bosco, en ne se souciant pas du style des confrères, y compris du mien, pour comprendre combien la vocation de prêtre religieux salésien est belle.

Solitude du prêtre

Derrière la question de la vie sexuelle du prêtre, il y a aussi celle de la solitude dont certains de mes confrères prêtres diocésains souffrent beaucoup.

Ah, bon Dieu, si l'on était deux
Ah, bon Dieu, si l'on était deux
Pour t'aimer, pour te servir
On ne serait pas trop de deux
Ah, bon Dieu, si l'on était deux

Moi qui suis le jeune curé
De la paroisse abandonnée
Souvent, je pense à cette femme

Qui partagerait le pain, le sel
Qui m'endormirait avec elle
Et qui protégerait mon âme[1]

Là encore, je dois avouer que ce n'est pas mon cas. Au fond, je crois que le meilleur antidote au sentiment de solitude, c'est la vie de prière. Certains pensent que la vie communautaire permet également de combattre cette solitude, mais cela dépend vraiment de chacun. En ce qui me concerne, j'aurais plutôt tendance à souffrir du manque de solitude. Très certainement parce que j'ai grandi comme un enfant unique, mes frères étant bien plus grands que moi. J'ai beaucoup joué seul. Cette solitude m'est vraiment familière et agréable.

Reste que face à toute difficulté, quelle qu'elle soit, il n'est rien qui ne trouve son apaisement dans la prière. La prière nous permet d'offrir cette solitude. Je pense que la solitude fait souffrir quand elle n'est pas choisie ou quand la vie de prière est trop faiblarde. On ne compte pas assez sur Dieu. On ne croit plus en Dieu peut-être même… Si je manque de quelque chose ou de quelqu'un, n'est-ce pas que le Seigneur n'a pas assez de place dans ma vie ?

Comment parler d'un sujet qu'on ne connaît pas ?

On me pose très souvent une autre question à ce sujet : « Comment pouvez-vous parler d'un sujet que

1. Michel Sardou, *Le curé*, 1973.

vous ne connaissez pas ? » Tout d'abord, que ce soit sur l'éducation affective des jeunes, sur les questions de pornographie ou de vie sexuelle, le premier besoin du jeune est d'être écouté. Sans jugement. Pas forcément conseillé. Ensuite, nous n'avons pas besoin d'être toxicomanes pour mettre en garde contre les dangers de la drogue. Nous passons notre vie à recueillir des confidences sur ces sujets de sexualité. On finit donc par savoir de quoi on parle. Je pense même que notre inexpérience en la matière nous apporte un recul, une mise à distance plutôt intéressante. J'interviens avec une neutralité qui est souvent bénéfique. Encore une fois, il n'y a pas besoin de tout vivre, tout goûter pour pouvoir tout entendre et tout accueillir.

Et si je tombais amoureux ?

On me demande aussi ce que je ferais si, un jour, je tombais amoureux. Ma réponse est toute simple : je fais comme si j'étais marié. Je me souviens de mon engagement. Je me rappelle à qui j'appartiens. J'accueille cette sensation, ces sentiments comme une information. Sans me crisper. Je trouve ça même intéressant l'intensité des attraits humains. Je m'interroge : d'où viennent ces sentiments pour cette femme ? Que représente-t-elle ? Que vient-elle atteindre au-dedans de moi qui me touche, me bouleverse, me bouscule ? Ce qu'il ne faut surtout pas faire, c'est se convaincre que l'on ne ressent rien. Je ne fais pas la sourde oreille aux chiens du désir qui aboient. Ne surtout pas se mentir ; accueillir ; regarder en face ces sentiments qui peuvent nous bousculer au gré des rencontres tout au long de notre vie.

Dans les missions du prêtre, il y a celle de prêcher. Mais si le prêche donne l'impression d'un prêtre qui plane dans les hautes sphères mystiques et qui ne comprend pas les misères humaines, les désirs et les combats que nous partageons tous, alors on finira par se détourner de lui. Accueillir pleinement toutes les affres de notre humanité, être sérieusement connectés à nos émotions, à nos tensions, nos attirances, à nos affects en somme, c'est la garantie de garder les pieds sur terre, que notre langage soit compris par tous, que les gens se sentent vraiment rejoints. Mais surtout, ce genre d'expérience nous oblige à une forme d'humilité, à redescendre, à ne pas s'imaginer au-dessus du lot. Qui veut faire l'ange fait la bête. Ne pas accueillir tout ce qui nous traverse, c'est vouloir faire l'ange. Tôt ou tard, on se casse la figure.

Satan existe, je l'ai rencontré

Ces dernières années, de très nombreuses affaires ont éclaté dans l'Église. C'est une catastrophe. Vraiment. Catastrophe en premier lieu pour les victimes, ça va sans dire. Catastrophe pour le salut de l'âme des prêtres concernés. Catastrophe pour le témoignage, le dégoût de l'Église dont ils sont responsables. Catastrophe pour l'image du prêtre.

> « Chez le prêtre, le péché de scandale produit des dommages incalculables, car il est multiplié à l'infini du fait qu'il répand ses méfaits sur plusieurs générations. Ce qui me blesse le plus en la matière, ce sont les péchés de scandale les plus cachés et les plus secrets, que moi seul connais, car ils s'attaquent directement à l'amour de prédilection et à la confiance que je mets dans mes prêtres. Ces fautes sont aussi les plus graves du fait qu'elles portent atteinte à la foi, qu'elles ruinent l'espérance et qu'elles tuent la charité. Oui, de tels prêtres portent atteinte à la foi parce qu'ils pêchent comme s'ils ne croyaient pas en ma présence ni en ma puissance. C'est contre la Trinité elle-même et ses attributs qu'ils pèchent. »
>
> Jésus à Conchita dans *À ceux que j'aime plus que tout.*

On peut analyser la question de la pédophilie dans l'Église à la seule lumière humaine. Mais c'est ne pas comprendre un des aspects fondamentaux de ces affaires. Il y a un combat qui se joue au-dessus de nos têtes et bien sot serait celui qui pense que la déchéance dans l'Église n'a rien à voir avec Satan. Le prêtre est une cible idéale : la grandeur du sacerdoce, canal des grâces que le Seigneur veut faire passer à travers les mains du prêtre, génère une haine féroce de la part du démon. L'Église est le corps du Christ, c'est-à-dire l'organe de transmission de la grâce par excellence. Détruire l'Église est donc la priorité de Satan.

Le drame, c'est que certains chrétiens, certains prêtres même, doutent encore de l'existence réelle de Satan. Un supérieur général d'une immense congrégation avait par exemple expliqué, dans la presse italienne, que Satan était une « réalité symbolique ». Pourtant, quand on dit que Satan agit dans toute la parole de Dieu, dans la vie des Pères de l'Église des premiers siècles, dans les Évangiles, dans les épîtres de saint Paul, avec pour point culminant l'Apocalypse, n'allons pas imaginer que c'est symbolique. C'est réel. Croire que le diable est une personne est une vérité de foi. Croire qu'il n'existe qu'en tant que symbole est même dangereux, car cela risque de faire de nous des chrétiens complètement déconnectés des combats qui nous environnent.

Ceci étant dit, je ne peux pas juger les incrédules, car peut-être en aurais-je été un si la vie ne m'avait pas conduit à assister un prêtre exorciste et à être moi-même en situation de régler certains problèmes de ce genre en tant que prêtre. Je n'apprécie pas d'étaler les actions hollywoodiennes des démons, mais quand on voit une personne qui vomit des clous au cours de l'exorcisme, qui lévite et qui a besoin d'être maintenue par quatre personnes au sol, qui parle avec une voix d'ogre, qui lance des paroles de connaissance visant à humilier l'exorciste, on ne peut plus douter. Ces phénomènes surnaturels sont réels, ce n'est pas du symbole.

Si on analyse les scandales sexuels dans l'Église, sans y voir une victoire de Satan, alors on ne comprend pas ce qui se passe réellement. Les affaires dont on parle atteignent parfois une telle cruauté, une telle déchéance, les pièges montés par ces prêtres sont tellement ingénieux, la manipulation tellement outrancière qu'il n'y a que Satan, le père du mensonge, pour en être l'inspirateur. Ce n'est pas lui qui les commet. Je ne retire pas la responsabilité des personnes qui sont passées à l'acte. Nous avons toujours le choix. Mais n'oublions pas que le démon cherche à salir l'Épouse du Christ. Il hait l'Église, il veut la détruire et, pour cela, il tente les bergers pour disperser le troupeau. Priez pour vos prêtres. Ils sont fortement attaqués. Là encore, il ne s'agit pas de symbole.

> « Le démon me voit dans les prêtres, et c'est pour cela qu'il se déchaîne et fait tout pour les perdre et les souiller, eux plus que les autres hommes. Le seul remède est la dévotion à l'Esprit Saint et à Marie, remède qui permet au prêtre de se transformer en moi. »
> Jésus à Conchita dans *À ceux que j'aime plus que tout.*

Pour autant, ne donnons pas trop d'importance au pouvoir de Satan. Sa force réside dans sa connaissance de l'homme et du monde. Il connaît en effet parfaitement le fonctionnement de la psychologie humaine. Il n'a plus qu'à tirer les ficelles. Il sait qu'il faut opérer en finesse et sur le temps. Si nous comptons sur nos propres forces, le combat est perdu d'avance. On ne fait pas le poids, c'est inutile et dangereux. Il sera toujours un meilleur joueur d'échecs que nous. Le seul qui puisse l'écraser, c'est Dieu, et il nous envoie sa championne : la Vierge Marie. Si je ne veille pas à rester en permanence sous la protection du Saint-Esprit et de la Sainte Vierge, mon combat ne sert à rien, je suis déjà vaincu.

« En dehors de moi, vous ne pouvez rien faire » (Jn 15,5)

Dans ce domaine, mais pas seulement, il est très important de comprendre qu'on n'est rien sans Dieu. Je le dis, le répète à temps et à contretemps. Le début de la fin commence lorsque subtilement on compte plus sur soi-même que sur Dieu.

> « Le cœur de l'homme est faible et s'il n'est pas tout donné à moi, enraciné en moi, il lui sera fort aisé de déraper vers ce qui est humain, terrestre et même peccamineux et sensuel. »
> Jésus à Conchita dans *À ceux que j'aime plus que tout.*

On rapporte que lorsqu'on s'exclamait devant François d'Assise : « Vous êtes un saint ! », lui s'empressait de répondre : « Ouh la, ne me canonisez pas trop vite, je peux encore avoir des enfants ! » Sous-entendu : je peux encore faillir, je peux tomber, priez pour moi ! C'est bon de penser que jusqu'à mon dernier souffle, je serai moi-même capable du pire et que si je ne me suis pas lamentablement vautré ou écroulé, c'est par pure grâce. « Qui donc t'a mis à part ?

As-tu quelque chose sans l'avoir reçu ? Et si tu l'as reçu, pourquoi te vanter comme si tu ne l'avais pas reçu ? » nous rappelle saint Paul (1Co 4,7).

Tout est grâce. Tout est reçu. Tout est don. Je ne suis rien d'autre qu'un mendiant de la grâce. Je mendie au Seigneur mon pain quotidien. Je suis suspendu à ses lèvres, cherchant à faire en toute chose sa volonté. Sortir de cet axe, c'est prendre le risque des chutes les plus spectaculaires et de perdre son âme.

Satan n'attaque pas uniquement les prêtres sur le plan affectif et sexuel. Certes, il est très efficace dans ce domaine, mais ce n'est pas son unique terrain de jeu. Il agit grâce à trois leviers redoutables, les fameux trois « P » : le plaisir, le pognon et le pouvoir. Si les prêtres sont peu touchés par la tentation de l'enrichissement, en règle générale, ils peuvent être atteints par la tentation du pouvoir. Le carriérisme, la fierté de monter en responsabilité, d'être connus, d'être influents, etc. Pauvres bougres que nous sommes. Des gamins aveugles qui guident d'autres aveugles sans voir combien nous sommes enlisés jusqu'au cou dans notre orgueil. Comment voulez-vous qu'on s'en sorte sans la puissance du Saint-Esprit et l'humilité de la Vierge Marie ?

Nous pouvons aussi pécher par excès d'activités, en oubliant l'Essentiel. L'activisme peut tuer le sacerdoce. Mais là encore, c'est parce que nous nous donnons trop d'importance. On s'agite toujours trop quand on pense qu'on est à la barre. Si nous croyons que ce sont nos activités qui sauvent, alors nous partirons dans tous les sens. C'est, au contraire, notre humilité qui, laissant la place à Dieu, peut sauver. Nous n'avons aucun mérite. Un saint prêtre est un prêtre qui accepte de vivre en totale dépendance avec son Seigneur, conscient que sans lui, il ne peut rien. Et cela est vrai aussi pour les laïcs.

Faire confiance malgré tout ?

Mais que penser au fond de ces scandales dans le clergé ? Comment faire en sorte que ces comportements cessent définitivement ? C'est à nous, prêtres, de rétablir ce climat de confiance. Nous ne devons pas tricher. Je crois que la principale façon de susciter la confiance, malgré cette suspicion de pédophilie qui nous colle à la peau, c'est de ne pas s'inventer un rôle, d'être incarné, d'être vrai en somme. C'est un long travail intérieur d'être dans cette vérité par rapport à soi-même. Cela nécessite de reconnaître nos faiblesses, nos dysfonctionnements, nos fragilités, nos blessures... Les regarder en face, et ajuster ce qui doit être ajusté.

Cette conscience nous ouvre non seulement à la joie, mais aussi nous protège. C'est la clef de la prudence. Si je regarde en arrière, je vois que toutes mes maladresses, mes naïvetés, mes bourdes, proviennent d'un manque de conscience de ma fragilité et de mes limites. Un peu comme quand on s'est fait une entorse au pied, qu'on l'oublie l'espace d'un instant et qu'on prend trop appui dessus distraitement. Pour éviter les erreurs, et les fautes graves, dans notre vie de prêtre, il faut être prudent.

Aussi terrible que cela puisse paraître, ce sont ces horribles révélations qui ont forgé ma conscience sur ces questions. Mieux vaut tard que jamais, me direz-vous, mais avant ça, je n'arrivais pas à imaginer que des phrases comme « tu as du prix à mes yeux », « je tiens à toi » ou « je serai là pour toi » puissent être reçues de façon malheureuse. Quel drame le jour où je l'ai réalisé ! « Benjamin, on pourrait penser que tu as d'autres intentions... » Mon Dieu, quelle horreur ! Moi qui ai ramassé à la petite cuillère des victimes d'abus, qui ai même dénoncé tel ou tel agissement, je pourrais donner l'impression d'avoir des intentions malsaines ? J'ai alors pris un virage dans ma vie de consacré. J'ai appris à être plus lucide sur les enjeux affectifs qui me traversent en tant qu'éducateur et à être vigilant, en faisant extrêmement attention aux mots choisis.

Et cela ne va pas sans une redécouverte de l'immense dignité du sacerdoce, afin de nous rendre impitoyables vis-à-vis du scandale, de l'injustice, de la duplicité, de la manipulation, des jeux de pouvoir ou de l'impureté.

Écoutons ce que Jésus révèle à la bienheureuse Conchita à ce sujet :

> « Je désire susciter une puissante réaction dans le clergé, je désire éveiller l'attention des évêques à la formation des âmes sacerdotales, les sensibiliser à la nécessité d'une surveillance plus étroite des corps et des âmes dans les séminaires, et ce, afin que les prêtres soient conscients de leur dignité sacerdotale, qu'ils deviennent des hommes cultivés, humbles et remplis de compassion et d'amour pour l'Esprit

> Saint et pour Marie. [...] Il faut que les prêtres qui se préparent à servir à l'autel comprennent bien que le Père s'apprête à leur confier des âmes et que, pour ce faire, ils doivent devenir de plus en plus semblables à moi, avant d'être ordonnés. [...]
> Je veux des prêtres qui me regardent moi, au lieu de se chercher eux-mêmes. »

Cette dernière phrase résume tout. Celle qui suit est un avertissement :

> « Les prêtres auront à me rendre des comptes non seulement des âmes que je leur ai confiées, en les mettant sur leur chemin, mais aussi de celles qu'ils doivent aller chercher eux-mêmes pour les sauver. Moi Jésus, je suis le seul à connaître le nombre des âmes naufragées et des vies spirituelles qui ont sombré faute de l'aide de mes prêtres. Hélas ! Combien d'entre eux négligent les âmes. »

Éduquer les éducateurs

Avec du recul, je me dis qu'il serait nécessaire d'aller dans les séminaires pour humblement sensibiliser les futurs prêtres à ces thématiques. En fait, je regrette beaucoup de ne pas avoir été mieux renseigné sur le sujet. Il est pourtant indispensable de comprendre que certains éducateurs ne sont pas clairs sur ce qu'ils attendent véritablement du jeune, sur cette nourriture affective qu'ils leur apportent et qu'ils consomment. Est-ce que je suis éducateur pour recevoir des marques d'affection ou de reconnaissance ou en suis-je détaché ? Est-ce que je répare quelque chose en moi auprès des jeunes ou ai-je suffisamment travaillé sur moi-même pour avoir un comportement ajusté à leurs côtés ? Certains ne se rendent pas compte que ce qu'ils aiment, c'est être aimés par les jeunes, d'être importants à leurs yeux, d'être une personne clef dans leur existence. Pour un éducateur, et un prêtre en particulier, cette posture est très dangereuse.

Nous devons être conscients que nous ne sommes pas à l'abri de chutes. Personne n'est indifférent aux gratifications, aux marques de reconnaissance, à la confiance qui s'établit avec un jeune particulièrement fragile. Se croire assez fort, c'est déjà se mettre en danger.

Qui ne ressentirait pas une affection paternelle pour tel gamin abandonné ? Et que faire de cette affection ? Comment ne pas vivre comme un échec personnel la faute d'un jeune que l'on a porté à bout de bras pendant des mois ? Avais-je des attentes pour lui ou pour moi ? Avais-je envie qu'il s'en sorte vraiment ou est-ce que je cherchais à prouver que j'étais capable de le tirer d'affaire ? Et cet enfant qui nous ressemble un peu, a-t-il les mêmes besoins que nous au même âge ?

Ces questions qui nous traversent l'esprit ne sont pas en soi des obstacles à une juste relation. Ce qui pourrait poser problème, ce serait de ne pas se poser de questions. De se faire trop confiance. Comme je crains que, à l'avenir, beaucoup de prêtres tombent sous le coup de fausses accusations, non pas parce qu'ils auront commis quelques délits, mais par maladresse, par manque de formation éducative et par manque de connaissance de leurs propres faiblesses.

Éviter les pièges de l'Ennemi

Don Bosco avait travaillé sur ces questions et avait mis en garde contre certaines déviances. Il avait, par exemple, recommandé aux prêtres de ne surtout pas avoir de chouchou, de préféré. Très souvent, les dérapages commencent comme ça. Ses consignes, fruits de sa grande expérience d'éducateur, ont permis d'éviter un grand nombre de pratiques à risques. Il insistait également beaucoup sur la force de la communauté. Lorsqu'un frère a un comportement inapproprié avec un jeune, ses frères doivent être là pour le mettre en garde.

Le secret de la chasteté chez Don Bosco, c'est de donner la première place à Dieu dans sa vie. Si on croit fermement que c'est Dieu seul qui peut répondre à tous nos besoins, on lui remet totalement notre vie et on évite bien des erreurs. Le regard de Dieu doit nous suffire pour nous convaincre que nous sommes des merveilles, sans quoi nous risquons d'aller chercher cette assurance d'être un bon gars dans le regard des jeunes. C'est un véritable danger qui pèse sur ceux qui ont un côté « charismatique » au sens populaire du terme. L'actualité est malheureusement riche d'exemples de grands fondateurs de communautés ou d'œuvres sociales magnifiques ou simplement de prêtres rayonnants, connus, admirés, qui ont perdu pied.

Le meilleur moyen de se protéger est de tout remettre dans les mains du Père. Le moindre éloge, le moindre compliment, le moindre remerciement, je l'offre à Dieu. Comme une station d'épuration automatique. Afin qu'il purifie mon cœur de toute vanité.

Prendre le risque de s'exposer

Pour autant, n'ayons pas peur de nous exposer si cela peut faire du bien aux âmes. L'exposition n'est pas sans risque. Elle fait de vous une cible. Vous pourrez être tentés de multiples manières, on scrutera tous vos faits et gestes, on guettera la chute, on ira même jusqu'à vous calomnier si on veut salir votre apostolat. Cependant, je crois qu'il ne faut pas non plus être obsédé par ce genre de risques, sinon on ne fait plus rien. Il n'y a que la foi qui peut nous permettre de continuer à avancer joyeusement et tranquillement.

Ma présence sur les réseaux sociaux porte de beaux fruits. Pour l'heure, le Seigneur donne. Mais s'il reprend, béni soit son Saint Nom. Je suis esclave des âmes et de sa gloire, pas de la mienne. Du moins, c'est ce que je veux. Et si je suis un peu esclave de ma propre gloire, alors cette chute, cette persécution, ou encore cette cabale sera une occasion de purification.

La persécution vécue avec le Seigneur est une formidable occasion d'être purifié de nos vanités et de croître en amour inconditionnel. Quand on nous fait du mal, quand des personnes mal intentionnées se mettent en travers de notre route pour nous faire chuter, confions-les à la miséricorde de Dieu : « Père, pardonne-leur : ils ne savent pas ce qu'ils font » (Lc 23,34). Soyons certains que ces attaques, aussi virulentes soient-elles, nous font avancer en prudence, en humilité, et donc... en fécondité !

On purifie l'or du saint sacerdoce par le feu de la souffrance et souvent de l'humiliation.

Merci Seigneur pour la confiance que tu me donnes de porter un bout de ta sainte croix. Merci, à travers elle, de m'aider à regagner la dernière place, moi qui voulais me mettre tout devant.

Des âmes consacrées à mon sacerdoce

On le comprend bien, les prêtres ont infiniment besoin de la prière des fidèles. C'est indispensable. Rappelons-nous ce passage des Écritures où l'on voit Moïse qui intercède auprès de Dieu pendant que Josué part au combat contre les Amalécites (Exode 17,8-16). Moïse est sur une colline avec Aaron et Hour. Quand il lève son bras, les Israélites sont les plus forts et quand il le laisse retomber, les Amalécites prennent le dessus. Lorsque les bras de Moïse deviennent lourds de fatigue et qu'il n'en peut plus, Aaron et Hour décident de se mettre de chaque côté pour lui tenir les bras. C'est ainsi que Josué sort vainqueur du combat.

Ce récit est la parfaite image de l'articulation entre le prêtre qui offre et le peuple qui offre aussi en soutenant cette offrande. Le Seigneur a mis sur ma route des Aaron et des Hour qui par leurs prières, leurs jeûnes et leurs sacrifices soutiennent ma vocation. Il est clair que si je ne suis pas encore tombé c'est par pure grâce divine certainement obtenue par de très nombreuses prières et sacrifices. Pour aller si bien, pour être aussi habité de joie et de paix, pour avoir cette vitalité spirituelle, c'est forcément grâce au soutien spirituel de ces nombreuses âmes qui se sacrifient pour mon sacerdoce.

Les prêtres ne devraient pas hésiter à demander cette prière. Le pape François la réclame sans cesse. Nous devons avoir cette disposition du cœur, cette conscience que notre âme est en grand danger sans le secours de la grâce. Ce qui est bon, c'est de constater que les catholiques ont de plus en plus conscience qu'un prêtre un peu charismatique est un prêtre en danger. Je croise de nombreuses personnes qui me reconnaissent et qui m'assurent de leurs prières alors même qu'ils ne me connaissent pas personnellement. Sur Hozana, un réseau social chrétien de prière, qui permet de créer et rejoindre des communautés autour de propositions spirituelles, des amis ont même formé une communauté de prière entièrement consacrée à mon sacerdoce : « Je prie pour frère Benjamin ». Quand des couvents ou des monastères m'invitent à venir témoigner dans leur communauté, j'accepte toujours avec empressement, car je sais qu'ils ou elles prieront pour moi, après ma venue.

Enfin, parmi toutes ces âmes priantes, il y a ma mère, ermite consacrée, qui prie et offre beaucoup pour son fils. Elle a développé, il y a quelques années, une maladie du sang qui lui provoque des ulcères à la peau extrêmement douloureux, elle souffre en continu. À sa prière s'ajoute donc cette souffrance offerte. Comment voulez-vous que je m'enorgueillisse de n'être pas encore tombé ? Ce sont elles, ces âmes d'offrande, de prière, ces couvents, cette communion des saints qui fécondent mon ministère. En réponse à ces prières, je prie moi aussi pour toutes ces âmes, j'élève la coupe du salut pour elles.

Après, il faut bien comprendre que je ne demande ces prières pas tant pour moi-même que pour les âmes qui me sont confiées. J'estime que toutes les conversions qui ont lieu à mon contact, toute la fécondité objective de mon ministère, sont un fruit de ces prières.

Chapitre 6
Le pardon est-il toujours possible ?

« L'amour du Christ nous presse. »
(2Co 5,14)

Abandonné par celui qui devait me protéger

Comme je le racontais au début de mon récit, j'ai été privé de père pendant toute mon enfance. Il avait menacé ma mère de la quitter si elle décidait de me garder. Cet abandon a été une vraie plaie pour moi. Un vide abyssal. J'ai parfois tellement pleuré que j'ai cru que j'allais mourir de sanglots, écrasé au sol, broyé par les larmes. Mais je n'ai pas développé de colère, seulement une cruelle soif d'affectivité, de reconnaissance, d'amour, de tendresse… la tendresse d'un père, qui aurait pu être là. Cette impression de se construire tout seul et d'avoir un tel manque, je ne la souhaite à personne.

Pendant l'enfance, je n'étais pas jaloux, mais plutôt curieux. Quand j'allais chez mes amis, j'observais ce qui se jouait dans cette relation avec leur père que je ne connaissais pas. Je scrutais le moindre geste d'affection et je me disais que ça devait être chouette d'avoir un père. En revanche, c'est au moment de l'adolescence que cette absence s'est véritablement fait sentir. En grandissant, j'ai commencé à voir l'impact psychologique de cet abandon. Quand j'ai réalisé à quel point j'étais timide, coincé, hypersensible, j'ai compris que c'était à cause de cette blessure. Je me suis dit que c'était dégueulasse d'abandonner un gosse. Le manque a fait de moi un handicapé, un jeune homme à qui il manquait un poumon. L'absence est une souffrance assez difficile à identifier. C'est comme un vide. Un manque que rien ni personne ne peut combler. Cette souffrance a fait de moi un adolescent assez mélancolique à l'intérieur. Même si je ne le montrais pas. Au-delà de ce constat tragique, je réalisais toute la cruauté de cet abandon pour ma mère et pour moi d'un point de vue plus affectif. Je n'étais pas un enfant méchant, j'étais plutôt discret, docile et appliqué, alors pourquoi n'avait-il pas voulu de moi ? Si on ne s'occupe pas de moi, c'est peut-être que je n'en vaux pas la peine… Ce manque de confiance, ce sentiment de ne pas mériter d'être aimé, semblait une marque indélébile, un tatouage dont je croyais ne jamais pouvoir me débarrasser.

Mais c'est dans ma vie de chrétien que ce fameux « syndrome de l'abandon » s'est manifesté avec le plus de force. Comme j'étais déçu par le Bon Dieu ! Comme je lui en ai voulu de rester si douloureusement silencieux et lointain ! J'ai eu pendant de longues années l'impression d'être abandonné également de Dieu.

Je me souviens encore me dire : « C'est à travers cette blessure d'amour, que l'amour va passer. À travers ce traumatisme du manque, que je vais aimer. » L'Esprit me soufflait cette espérance et combien j'ai eu raison de lui faire confiance.

À la recherche du temps perdu

À 21 ans, j'ai cherché à rencontrer ce père absent. J'étais alors étudiant en psychologie. Je savais qu'il avait vingt ans de plus que ma mère et qu'il ne fallait pas que je tarde si je voulais faire sa connaissance. Ma mère avait toujours parlé de lui avec respect, mais je me disais que c'était tout de même étonnant de laisser ainsi sa femme et son gosse. Malgré cela, ma soif de savoir qui il était me poussait irrésistiblement vers lui. En fait, je n'imaginais pas ne pas le connaître. Par ailleurs, je savais qu'il était athée et je voulais qu'il puisse accéder au salut avant sa mort.

La question du pardon n'était pas au cœur de ma démarche. Je crois que nous avons besoin de pardonner quand nous pensons que la personne qui nous a offensés est vraiment un salaud. Or, je me suis tenu à l'écart de tout jugement à son égard. Malgré tout le mal que son absence avait engendré, je ne crois pas l'avoir jugé. Bénéfice du doute, présomption d'innocence.

Au fond, ce qui m'intéressait c'était de connaître celui-là même qui avait été à l'origine de ma vie. Ceci étant, je ne pouvais pas nier que ces montagnes de souffrance dont j'ai parfois cru qu'elles allaient m'ensevelir, étaient de son fait. Et comme Jésus demandait de pardonner et que je voulais toujours devenir saint, je devais m'assurer que je lui avais pardonné. J'avais quelques doutes à ce sujet. N'y avait-il pas une partie de moi qui lui en voulait quand même ?

C'est ainsi que j'ai repris contact. Il a répondu assez vite à ma première missive. Quelle émotion ! Sa main avait été broyée dans un accident de voiture, si bien que son tracé était approximatif, et son style sobre. Nous avons trouvé une date, je me souviens que c'était un samedi, à 11 h 30, chez lui, dans une ancienne bergerie, dans le Vaucluse, sur les plateaux du Ventoux. Mon père était berger de mouton jadis. On dit pasteur aussi je crois. Pasteur de père en fils…

Cette première rencontre fut un moment fondateur. Nous avons parlé non stop toute la journée et jusque tard dans la nuit. C'est comme si nous voulions rattraper le temps. Nous étions passionnés de nous découvrir. Et les jours qui ont suivi, nous avons parlé comme deux vieux amis des heures durant. C'était comme si le temps s'arrêtait, comme si les besoins de manger et dormir étaient devenus secondaires.

Il n'y a pas eu de pardon solennel. Ce n'était pas un sujet. Il y avait une pudeur et je sentais combien mon père s'estimait incapable d'être père. Il avait l'impression d'avoir échoué avec ses propres enfants, de les avoir rendus malheureux. Lors de nos premiers échanges, je ressentais comme un mélange de complexe d'infériorité et en même temps, probablement, un besoin de « liberté », de n'appartenir à personne et de mener sa vie comme il entend. Ce qui ne l'empêchait pas, à 80 ans passés, de vivre avec une femme de 40 ans plus jeune que lui.

Une si belle personne

Malgré tout, il était très attachant, tellement fin d'esprit, cultivé, original et tendre. Parler avec lui, c'était plonger dans un roman de Giono, et moi, par mimétisme, je m'appliquais à parler dans ce français aussi élégant que sobre. C'était un amoureux de la musique comme moi. Il avait même fini par acheter un piano uniquement pour m'entendre jouer. Je me disais alors que, même s'il n'avait pas été mon père, il aurait été une personne passionnante à découvrir. Ce qui était beau, c'est que cet homme, qui m'avait tant manqué, semblait vraiment heureux de découvrir ce fils qu'il n'avait pas élevé. Il me trouvait de magnifiques qualités dont il ne pouvait pas s'attribuer le mérite.

Il était théoriquement mon père, mais il devenait un ami. Un grand-père même, compte tenu de son âge. Le vieil homme et l'enfant. Un décalage de génération immense, et en même temps une affinité d'âme, une connivence rare. C'était tellement inattendu. À ses côtés, je ressentais une joie immense et, en même temps, j'étais un peu triste de ne pas l'avoir connu plus tôt. Un jour, je lui ai envoyé une lettre dans laquelle je lui disais toute mon affection filiale. Je craignais un peu sa réaction, car je suis parfois très maladroit dans l'expression de mon affection, mais sa réponse a été si belle que je la retranscris ici :

> *« Ô Benjamin !*
> *J'ai du mal à te décrire l'effet de ta lettre du 4 courant : toute une gamme de sentiments et de réflexions se bousculent où, tour à tour mêlées, la conscience de mon non-mérite et une bouffée de joie m'envahissent. En attendant de reprendre mes esprits, un grand Merci à toi pour tout ce que tu sais donner. »*

Plus tard, nous avons reparlé de cette lettre. Il semblait embarrassé dans la mesure où il se sentait profondément indigne d'un tel amour, et stupéfait devant la qualité de mon pardon. Il m'avait même dit, ce soir-là, que c'est humainement incompréhensible.

Mon cœur lui avait pardonné

En passant du temps avec lui, dans les lettres que nous nous sommes échangées, et à l'occasion de sa fin de vie, j'ai réalisé que je lui avais largement pardonné. Et s'il y avait encore un doute, la vie nous a offert des instants très particuliers qui sont venus confirmer que je n'avais pour lui plus que de l'estime. Il avait contracté un cancer des os foudroyant et terriblement douloureux. Un jour, arrivant chez lui à l'improviste, je l'ai découvert allongé au sol. Il était tombé quelques heures plus tôt et s'était démis l'épaule, il ne pouvait plus faire un geste, paralysé par la douleur. Je me suis alors occupé de lui comme on veille sur un enfant, l'accompagnant aux urgences, lui faisant sa toilette, lui donnant à manger, le portant à son lit.

C'est dans ces gestes de soin, que lui-même n'avait jamais posés lorsque j'étais bébé, que j'ai compris à quel point le pardon était total, l'amour achevé. C'était comme une revanche incroyable qu'il m'était donné de vivre. Réaliser cela a été un vrai cadeau pour moi. De son côté, il était bouleversé, il vivait une ultime et surprenante expérience de vie.

Cette foi que nous ne partagions pas

Ce qui est amusant dans cette histoire, c'est qu'en me découvrant s'écroulait un certain nombre de ses idées nourries par une gauche bien-pensante dont il se réclamait. Il était issu d'une famille bourgeoise de Casteljaloux, mais il avait une lecture progressiste du monde et nourrissait un mépris absolu pour les questions religieuses. Je peux même dire qu'il était farouchement anticlérical. Quand il a découvert que je souhaitais devenir prêtre, il est tombé de sa chaise. J'aspirais à faire partie de cette race méprisable des hommes d'Église ! Il y avait une tension entre ses convictions profondes et cette personnalité qu'il découvrait et qu'il commençait à aimer. Je l'intriguais.

Cependant, ce ne sont pas mes arguments qui l'ont convaincu. Plus il apprenait à me connaître, plus il découvrait cette joie et cet amour qui m'habitaient et plus il comprenait cet appel qui me poussait à vouloir tout donner. Au fil du temps, son cœur s'est purifié de toutes ces appréhensions qu'il avait vis-à-vis de la foi. Quand il a perdu sa fille, il est resté prostré pendant des mois. Puis, dans sa douleur, dans ses ténèbres, un nouvel élan de vie est apparu. Son regard sur la vie a évolué. Il avait le cœur reconnaissant. Il ne cessait de dire combien il ne méritait pas mes soins et mon amour. Il était de plus en plus paisible. J'y voyais la main de Dieu qui façonnait son âme. Quand il disait toute son indignité, quand il chantait les beautés du monde, ça résonnait comme une prière, comme un psaume.

Je ne sais pas s'il s'est tourné vers le Christ avant sa mort, mais il a vécu une vraie conversion d'attitude dans son rapport à la vie. Il était habité dans les derniers moments d'une joie profonde, comme un enfant, abandonné, qui s'émerveillait de la beauté du monde, le cœur ouvert à la transcendance, prêt à passer la « porte étroite ». Même souffrant et immobilisé, il était reconnaissant. C'était, à mon sens, déjà une attitude spirituelle.

Dans les dernières années, il a entamé un processus pour me reconnaître qui s'est achevé quelques semaines avant son décès. C'était son testament. Je pouvais enfin porter son nom. Benjamin Dubrana. J'ai gardé le Dewitte de ma mère, mais j'ai ajouté Dubrana, comme une « action de grâce ».

Pardonner et vivre en paix

Cette histoire toute personnelle me permet de comprendre la difficulté que peuvent rencontrer les personnes qui ne parviennent pas à pardonner. Je passe ma vie à accompagner des jeunes qui sont dans ces situations et, aussi difficile que cela puisse paraître, je suis convaincu qu'il n'y a pas de bonheur possible sans pardon. Psychologiquement et spirituellement aussi, le refus de pardonner est sous-jacent à une forme de haine ou de colère et finit par nous ronger et nous détruire de l'intérieur. Le pardon est incontournable. Il n'est pas facultatif. Je prends toujours le temps de démontrer à mes élèves que nous sommes faits pour l'amour et que pardonner, par exemple, à un parent qui nous a fait du mal est le seul moyen d'être heureux.

Dans le pardon, la première étape consiste à vouloir pardonner. Si on n'y parvient pas, on peut toujours vouloir vouloir pardonner. Demander à Dieu l'envie d'avoir envie. Ensuite, il faut accepter la situation douloureuse, faire le deuil de ce que l'on n'a pas reçu, tout en comprenant que persister à en vouloir à quelqu'un fait plus de mal à nous-mêmes qu'à la personne qui nous a blessés. Cette prise de conscience est très importante. Pour finir, il faut compter sur la grâce, parce que dans la plupart des cas, arriver à poser un pardon est trop difficile, voire impossible, humainement. Seul l'amour de Dieu peut nous aider à pardonner véritablement et définitivement. Et c'est cela qui est beau dans le pardon. Chaque pardon peut être contemplé comme un miracle, comme une manifestation concrète de l'amour de Dieu dans nos vies.

À ceux qui ne parviennent pas à suivre ce processus, pas d'inquiétude. Il n'y a pas d'urgences temporelles dans le pardon. Le Bon Dieu sait bien que certaines souffrances ont besoin d'être acceptées dans le temps. Cette notion de temps est libératrice. Quand quelqu'un nous dit qu'il n'y arrivera jamais, que c'est trop dur, nous pouvons le rassurer en expliquant que si le pardon est indispensable, rien ne presse. Que gagnons-nous s'il se braque ?

Par la grâce, nous pouvons regarder nos blessures avec un nouveau regard. Je le sais aujourd'hui, cette brisure de l'abandon a entraîné en moi une rage de vivre, une rage de réparer. Chez moi. Chez les autres. Par ces plaies vont couler l'amour, la compassion, la compréhension, l'écoute, l'intuition. Tout est grâce. Même la boue.

Chapitre 7
Comment trouver la paix intérieure ?

« Tu nous as faits pour toi, Seigneur,
et notre cœur est sans repos
tant qu'il ne repose pas en toi. »
(Saint Augustin)

Pas de paix sans la prière

Trouver la paix intérieure est une question très récurrente. Tout le monde cherche la paix. Pour la trouver, certains se tournent vers des techniques de relaxation comme la sophrologie ou le yoga, d'autres encore vers des spiritualités orientales comme le bouddhisme. Il faut parfois passer par là pour parvenir à certaines prises de conscience. Mais, au risque de déplaire à mes nombreux amis attachés à ces pratiques, il n'y a que Dieu qui donne la paix. Aucune méthode ne lui arrive à la cheville.

Et pour trouver cette paix qui vient de Dieu, il faut juste prendre ou reprendre le chemin du désir de Dieu. La spiritualité même est insuffisante. Ce n'est pas de spiritualité dont l'homme a besoin. Il a besoin de Dieu.

Prenons un exemple tout simple : quand on a une tendinite, on peut mettre une pommade ou se faire masser. Ces soins rendront plus supportable la douleur, mais le mal ne disparaîtra pas pour autant. Avec les tourments intérieurs, c'est exactement pareil. Quand on souffre, un bon apéro entre amis peut être un baume, une sieste peut agir comme une pommade, une promenade dans la nature peut nous aider à décompresser, mais cela ne réglera pas le problème car la source du problème est bien plus profonde.

Au fond du fond de soi.

Dans un espace accessible seulement à l'Esprit Saint qui, par son vent, s'engouffre où il veut et où on veut bien l'accueillir. Accueillir l'Esprit Saint, tout est là. C'est cela la prière.

La prière, c'est la connexion au cœur du Père, c'est l'offrande de notre vie aux mains de l'Ostéopathe divin. L'ostéopathe, avec tact, travaille sur le système, en profondeur, et permet au corps de retrouver un équilibre perdu dont la tendinite était la manifestation. La prière est cette séance d'ostéopathie divine. Sans prière, pas de connexion. Sans connexion, pas de paix.

Prier pour ne pas plonger

Sans entrer dans les détails de ma vie de prière personnelle, qui évolue régulièrement et qui nécessite des mises à jour fréquentes pour s'adapter aux évolutions de la vie missionnaire ou spirituelle, je dois quand même confesser que prier est toujours, pour moi, un effort pour ne pas dire une corvée. Je ne ressens rien, je m'ennuie parfois à mourir. Au début d'une heure d'adoration, je me demande : « Mais comment vais-je tenir, Seigneur ? »

Se lever le matin pour la prière communautaire, c'est vraiment un calvaire. Pendant les laudes, il m'arrive de ne pas penser un mot de ce que je dis ou lis, tellement je suis encore dans le sommeil. Cependant, depuis la lecture des *Récits d'un pèlerin russe* quand j'étais adolescent, j'ai cultivé une prière qui convient à ceux qui peinent à prier comme moi : c'est la prière simple, pauvre et, dirai-je, répétitive. Les Orientaux répètent à longueur de journée : « Seigneur, Fils du Dieu vivant, prends pitié de moi pécheur. » J'aime ces prières spontanées qui ponctuent la journée comme des mots d'amour lancés à la personne aimée. Je peux dire : « Viens, Esprit Saint, posséder mon être et mes actions » ou « Jésus, je t'aime ». Une journée sans cinquante « Je t'aime » à Jésus est une journée perdue.

Un jour, j'ai découvert cette sublime prière attribuée à saint François d'Assise : « Père, fais que j'aime comme tu aimes. » Que peut-on demander de plus puissant ? Par la suite, je me suis aussi approprié cette courte prière inspirée par la Vierge Marie à don Gobbi : « Viens Esprit Saint, viens par la puissante intercession du cœur immaculé de Marie ton épouse bien-aimée. »

Prier est souvent difficile parce que c'est un lieu de combat. Pour gagner ce combat spirituel, les petites prières courtes sont d'un grand secours, car elles nous permettent de rester connectés en permanence avec Dieu. Le dicton « l'appétit vient en mangeant » s'applique d'ailleurs très bien à la prière. Ou, comme le disait le curé d'Ars : « Plus on prie, plus on veut prier. » Il faut se lancer. Je suis convaincu qu'à force de le lui dire, mon amour grandira. Et puis, l'expérience m'a appris à ne pas trop juger ma prière. On prie, c'est tout. Si nous passons plus de temps à évaluer notre prière qu'à prier, le découragement s'imposera forcément, car notre prière sera toujours imparfaite.

Quand un petit enfant dit : « Je t'aime » à sa maman, il ne fait pas un retour critique : « L'ai-je vraiment dit avec toute la sincérité de mon être? » Il le dit, c'est tout. Et la mère accueille cette déclaration avec une infinie tendresse. On dit que Dieu est un Père avec un cœur de Mère. Pourquoi alors nous comporter autrement avec lui?

Notre prière se délite et se complique car nous la compliquons.

Il y a quelque temps, sur les réseaux sociaux, j'ai fait une petite série d'enseignements sur la prière. L'objectif était de donner justement plein de petites indications très concrètes, comme les postures physiques à redécouvrir : mains jointes, yeux fermés, à genoux, debout, les bras en croix, les mains levées, une main sur le cœur. Mon expérience de galérien de la prière est utile, au moins pour les autres! Devant un calvaire (les grandes croix au bord des routes de campagne), j'aime à faire un signe de croix suivi d'un baiser envoyé avec la main. C'est tout simple, c'est déjà une prière. En fait, je crois à la créativité de l'amour. Comme dans le couple, la créativité amoureuse nourrit l'amour dans le couple, et l'amour dans le couple nourrit la créativité amoureuse.

On peut aussi s'appuyer sur son ange gardien pour qu'il nous aide à prier ou encore lui parler et ne pas hésiter à lui confier des missions.

Mettre Dieu au centre de notre vie

Pour dire clairement les choses, j'ai du mal à prier, mais je ne peux pas m'en passer. Si je ne prie pas, je suis foutu. Il m'est arrivé de ne plus mettre la prière au centre de ma journée, pendant le temps des vacances, par exemple, quand les habitudes sont chamboulées, et j'ai vu comme un vide s'installer. Ma sensibilité et ma volonté s'émoussent. J'ai moins de discernement sur le bien et le mal, les tentations n'ont plus la couleur de la tentation, si bien qu'y succomber n'est plus aussi gênant. La volonté n'offre plus de résistance à la consommation des plaisirs de la vie. Quand je ne prie plus, j'ai plus de mal à garder mon regard chaste et je suis de plus en plus préoccupé par mon confort. En réalité, j'ai constaté que me passer de la prière me rend superficiel, je me connecte moins à l'âme de mon prochain, le vide s'installe.

Mais les prières ne sont pas forcément des grandes discussions avec Dieu. Elles peuvent être simplement silencieuses. C'est ce qui se passe pendant l'adoration eucharistique. Elle est indispensable. Je pense même que l'adoration doit être la première action à poser avant de se lancer dans n'importe quel projet missionnaire. Instaurer des temps d'adoration pour les élèves dans un établissement scolaire change l'esprit de l'école. C'est très vrai aussi pour une vie de paroisse. Adorer ne demande pas de technique particulière. C'est comme se poser sur la plage et profiter du soleil. Ce n'est parfois que le soir qu'on est surpris par les coups de soleil. Je peux m'ennuyer royalement pendant l'adoration, mais j'ai cette assurance qu'il suffit que je sois devant lui, à genoux, pour que mon âme refasse son plein, et elle bronze sans s'en rendre compte au soleil de Dieu. Je laisse Jésus agir. Et puis, l'adoration nourrit l'amour de l'Eucharistie, ce qui est absolument primordial. Quand je célèbre la messe ou quand je prie, je crois, mais je ne ressens rien. Mais ce n'est pas pour autant que Dieu ne fait pas son œuvre.

La paix intérieure

« Recherche la paix et poursuis-la », dit le psalmiste (33,15). Ce verset nous montre bien que la paix n'est pas une option. C'est comme une conquête. Un vrai objectif de vie. Sans la paix, qu'avons-nous à offrir au monde ? À quoi servons-nous ? « Acquiers l'esprit de paix, et alors des âmes par milliers seront sauvées autour de toi », rappelle saint Séraphin de Sarov. Plus on s'éloigne de la paix, plus on pollue.

« Je vous laisse la paix, je vous donne ma paix ; ce n'est pas à la manière du monde que je vous la donne », nous enseigne Jésus (Jn 14,27). « Que votre cœur ne soit pas bouleversé ni effrayé. » Cette paix que nous donne la prière se reçoit, mais il faut aussi aller la chercher, c'est bien là notre part du combat. Se mettre en prière est un acte de volonté souvent bien difficile car l'Ennemi n'aime pas nous voir prier. Il sait tout le bénéfice que les âmes tirent dans ce cœur à cœur avec Dieu. Si nous prenions autant de soin à prier qu'à brancher notre téléphone sur secteur pour recharger la batterie, nous ferions des bonds dans la vie divine.

La prière est l'école de l'abandon. C'est l'expérience de ne compter que sur Dieu et de tellement compter sur lui que l'on perd ce qu'il y a de plus précieux sur terre : notre temps. On peut perdre puis gagner de l'argent. Le temps perdu, lui, ne se regagne jamais. Rien n'est plus précieux que de donner son temps. C'est un don définitif.

D'ailleurs, combien de fois m'est-il arrivé le soir de constater que je suis en retard sur des milliards de projets, que je ne sais plus où donner de la tête, que je ne vais pas m'en sortir. Alors je me dis : « Stop ! Allons prier ! » C'est cuisant, dans ces moments, de « perdre » du temps pour la prière. Mais avec le recul, je réalise combien je me disperse dans un activisme infécond en croyant que les choses dépendent de moi. En vérité, j'accorde trop d'importance à ma petite personne, comme si l'évangélisation s'en tirera mieux grâce à mon hyperactivité. Le Seigneur m'a trop souvent montré qu'au contraire, plus j'étais débordé, plus je devais m'arrêter pour prier. Comme disait saint François de Sales : « Une demi-heure de méditation est essentielle sauf quand on est très occupé. Alors une heure est nécessaire. » Et à chaque fois je gagne du temps. Oui, je gagne du temps au sens propre du terme, et même, osons le dire, tout devient plus fluide, je fais les rencontres qu'il faut au bon moment sans le chercher, je boucle un travail beaucoup plus vite que je ne l'imaginais et je me retrouve même avec du temps pour lire, pour respirer. C'est incroyable! Je repense à cette sublime prière que Jésus inspire à don Dolindo, un mystique italien du XXe siècle : « Jésus, je m'abandonne à toi, c'est à toi d'y penser. »

Une vie de prière soutenue, c'est vraiment redire par toute sa vie au Bon Dieu : « Je sais que tout dépend de toi, que sans toi, je ne suis rien » (cf. Jn 15,5).

La prière est le meilleur allié de l'éducateur. Un élève n'a pas besoin d'un adulte agité, il a besoin de quelqu'un d'aligné. Axé. Posé. Solide. En un mot : présent. Et cette présence à l'autre, seule la prière la donne. Tel collègue était au plus mal mardi dernier, mais je ne le voyais même pas. J'étais dans le « faire » et j'ai oublié d'« être ». Être à ses côtés, être à l'écoute.

Être chrétien, c'est être le Christ. C'est être divinisé. Je suis celui qui suis à l'instar de Dieu.

Cette épaisseur de l'être, voilà ce qui fait autorité. Avec la prière, je deviens un roc. Voilà la puissance de la paix. Voilà ce qui jaillit de l'union avec Dieu. Ses vertus deviennent les nôtres. C'est là le fruit de la prière.

Importance du chapelet

Une autre prière est particulièrement incontournable : celle du chapelet. Je ne calcule plus le nombre d'endroits où Marie est apparue et a demandé qu'on prie le chapelet. Je n'étais pas ignorant de cela à l'adolescence, mais chemin faisant, j'avais fini par juger fastidieuse cette prière et, devant la diversité des possibles en matière de prière, j'en avais choisi d'autres.

Cependant, à l'occasion de l'anniversaire de mes vingt ans de conversion à Medjugorje, en 2012, j'ai décidé d'y retourner avec un grand ami. À cette époque, j'étais déjà profès temporaire donc religieux à part entière, en mission à Nice. Mais bien qu'avancé dans la vie religieuse, j'avais fini par devenir légèrement sceptique à l'égard de ce lieu d'apparitions. Quand on est dans la nuit de la foi, même les évidences sont remises en question et la paresse spirituelle s'installe subrepticement, si bien qu'en plus de quelques doutes sur l'authenticité des apparitions, je peinais à comprendre l'intérêt des pèlerinages. L'idée était donc de s'y rendre, mais en voiture, juste nous deux, afin d'accomplir quelques dévotions, certes, mais surtout de pouvoir faire nos aller-retour touristiques, de visiter Dubrovnik, en Croatie, et de se faire de belles plages.

Quelques semaines avant le départ, je m'étais fait voler mon sac avec tous mes papiers d'identité. Je n'ai pas pensé que cela pouvait être un obstacle à notre voyage. Mon ami et moi avons pris la route et, à la frontière entre la Slovénie et la Croatie, nous avons été interdits d'entrée. Nous avons alors décidé d'abandonner l'idée de vacances club Med et de sortir le chapelet de nos poches. Nous avons tenté un passage dans la forêt, à travers les collines, à la recherche d'un chemin sans frontière. Impossible à trouver. M'est venue alors une idée : présenter la carte d'identité et le passeport de mon ami, en espérant que le garde-frontière ne réalise pas qu'il s'agissait des papiers de la même personne. L'astuce a marché. Nous sommes entrés en Croatie !

Pour atteindre Medjugorje, il fallait pouvoir entrer en Bosnie. Et là, les douaniers n'ont pas été dupes de mon stratagème. Nous étions bloqués. L'attente a été interminable. Nous avons repris nos chapelets. Puis les agents nous ont demandé les papiers du véhicule. Alors que je me demandais bien comment nous allions sortir de cette impasse, ils nous ont laissé passer. Sans explications. Dans ces moments-là, on ne cherche pas à comprendre, on a regagné le véhicule et on a foncé jusqu'à Medjugorje en hurlant de joie.

Arrivés dans le village de Marie, on ne nous croyait pas. Comment avait-on réussi à passer ? Il faut croire que la Vierge Marie avait arrangé les choses. Elle nous voulait chez elle. Sur place, j'ai senti qu'elle allait me bousculer une nouvelle fois, qu'elle allait me sortir de ma somnolence spirituelle. La présence de Dieu y est si palpable ! La plus grande grâce que l'on obtient à Medjugorje n'est pas la guérison, même si elles ne manquent pas, ni même la libération d'attaches mauvaises, ce qui ne manque pas non plus, mais c'est la grâce de la lucidité de conscience. Je crois que c'est la meilleure façon de résumer ce que vit une écrasante majorité de personnes qui se rendent là-bas. C'est pourquoi on appelle Medjugorje « le confessionnal du monde ». Chaque jour, des dizaines de pèlerins attendent patiemment devant des dizaines, voire des centaines de prêtres, qui confessent jusque tard dans la nuit. C'est comme une ruche de confessions tout autour de l'église.

Comme je l'avais pressenti, la Vierge Marie est venue me réveiller avec force. Finie la récré ! On arrête d'être un chrétien tiédasse. On suit les consignes de la Mère, de la Sainte Mère, ou on va voir ailleurs. On ne peut adorer Dieu et des idoles.

Si je prends le temps de partager cette nouvelle expérience de conversion, c'est parce que, lors de ce séjour, j'ai enfin compris que le chapelet n'était pas une prière facultative. À Fatima, Notre-Dame est apparue six fois. Et à chaque fois, elle a demandé la prière du rosaire : « Que l'on continue à réciter le chapelet tous les jours, en l'honneur de Notre-Dame du Rosaire, pour obtenir la paix du monde et la fin de la guerre, car elle seule peut vous secourir. »

La Vierge Marie le demande si souvent. Ne pas lui obéir m'est apparu comme un affront, une rébellion. « Fils d'homme, tu habites au milieu d'une engeance de rebelles ; ils ont des yeux pour voir, et ne voient pas ; des oreilles pour entendre, et n'entendent pas, car c'est une engeance de rebelles » (Ez 12,2). C'était tout moi. Je savais qu'il fallait prier le chapelet, mais je faisais un mauvais usage de ma liberté en m'inventant mille excuses pour ne pas le prier. C'est ennuyant, répétitif, prière de perroquet… « Benjamin, pour qui te prends-tu ? Tu discutes les ordres de la Sainte Mère ? »

Ce qui est beau, c'est que non seulement le Seigneur m'a pardonné, mais en plus, il m'a accordé de nombreux signes d'efficacité du chapelet quand je m'y suis remis. Depuis, je n'ai plus jamais lâché cette prière. C'est, avec la sainte messe, l'adoration, la prière des heures, les non-négociables de ma vie spirituelle. Le diabétique ne se pose pas la question de sa prise d'insuline adaptée, le chrétien ne doit pas se poser la question de la récitation de son chapelet tous les jours.

Suivons le conseil du padre Pio :

> « Aie patience pour persévérer dans le saint exercice de la méditation et sois content de le commencer à petits pas, jusqu'au moment où tu auras des jambes pour courir ou, mieux encore, des ailes pour voler : sois content d'obéir, ce qui n'est jamais une petite chose pour une âme qui a choisi Dieu pour sa portion, et résigne-toi à être, pour le moment, une petite abeille de ruche qui deviendra bientôt une abeille capable de produire du miel. »

Spiritualité connectée aux émotions ?

Avant de clore ce chapitre sur la prière comme unique chemin pour trouver la paix véritable, je me devais de faire une petite mise en garde pour toutes les âmes qui, comme moi, ont une spiritualité liée à leurs émotions. Ce n'est pas un mal en soi, mais c'est un profil spirituel qui demande à être accompagné. Durant mes études de psychologie, j'ai fait un mémoire sur l'intelligence émotionnelle. L'une de ses composantes se traduit par une capacité à identifier ce qui nous habite, nos émotions, nos sensations, nos sentiments. Je pense que c'est une faculté particulièrement développée chez les artistes. Tout se « sent ». Tout se ressent. L'artiste ne rejette pas forcément les émotions négatives, au contraire, elles sont même puissantes, inspirantes. Et cela a un impact sur la vie spirituelle.

Pour une âme comme la mienne, baigner dans des univers dit « charismatiques » est assez naturel, car la place des sens, du ressenti, y est importante. C'est d'ailleurs un grand bien d'accueillir toute cette partie de notre humanité sensible dans la vie spirituelle. Ne pas le faire peut nous rendre froids, implacables, désincarnés… On ne transpire plus Dieu si on ne transpire plus.

Mais il va de soi que le monde du ressenti doit s'articuler avec le monde de la raison et, en définitive, de la charité en actes. Sinon, le senti… ment. Dans le renouveau charismatique ou chez les évangéliques, cette capacité à vivre une foi incarnée, une foi – je dirais presque – charnelle, c'est très beau. Sensation de l'onction (onction = présence palpable de Dieu), repos dans l'Esprit, frissons, tremblements, chaleur… On vit la foi avec ses tripes ! C'est bon et ça réveille !

Mais, mais, mais… Attention ! Que se passe-t-il quand on ne ressent plus rien ? Alors quoi, c'est que Dieu nous abandonne ? Si la foi ne repose que sur la sensation, elle est en grand danger. J'ai expérimenté, avec ma nuit de la foi, cette sensation d'être abandonné. Je ne ressentais plus rien. Ce désarroi trouvait un écho encore plus douloureux à cause de l'abandon de mon père. J'ai traversé une période très douloureuse. Avec du recul, je crois que cette nuit des sens est indispensable. J'estime même que c'est le plus beau cadeau que le Seigneur m'ait accordé et m'accorde encore. Cette nuit des sens est le régulateur d'une sensibilité trop gourmande. Elle m'oblige à ne pas confondre le donateur et ses dons. Ne préférons pas les cadeaux à celui qui les donne.

> « Le Seigneur a donné, le Seigneur a repris :
> Que le nom du Seigneur soit béni ! » (Job 1,21).

Et puis, si je continue de prier alors que je ne ressens rien, j'expérimente la fidélité et, d'une manière plus mystique peut-être, la solitude du Christ à Gethsemani. Alors je ne prie plus juste pour obtenir des consolations, mais pour exprimer à Dieu combien je l'aime, malgré tout. Parce que je l'aime. Voilà tout.

Je l'aime.

Chapitre 8
Dieu est-il sur TikTok?

« En effet, annoncer l'Évangile,
ce n'est pas là pour moi un motif de fierté,
c'est une nécessité qui s'impose à moi.
Malheur à moi si je n'annonçais pas l'Évangile ! »
(1Co 9,16)

Évangéliser à la télévision

Depuis la victoire de sœur Cristina à l'émission « The Voice Italie », en 2014, j'avais acquis la conviction que l'Église devait être plus présente dans les médias, qu'elle devait trouver sa place dans le monde de la culture, être représentée sur les plateaux télé, et cultiver une visibilité qui permettrait au grand public de dépoussiérer ses préjugés. C'est si beau de voir des vies consacrées rayonnantes de joie et de liberté! En 2016, fraîchement ordonné, j'ai été contacté par la production de l'émission « C'est mon choix ». Être moi-même sous le feu des projecteurs n'était pas dans mes plans, mais comment refuser une telle occasion de témoigner à mon tour ? Après un discernement auprès d'amis et de responsables religieux, j'ai accepté ce pari un peu fou.

Le but de l'émission était le suivant : deux chroniqueurs vedettes dans TPMP, Jean-Michel Maire et Enora Malagré, devaient deviner le nombre de conquêtes amoureuses de sept personnes présentes sur le plateau. Nous en avions entre 0 et 500. Je ne portais pas le col romain au début de l'émission, et les invités ont fini par m'attribuer 500 relations amoureuses. Quand, à leur grande surprise, j'ai révélé que j'étais prêtre catholique et que je n'avais jamais eu de relation avec aucune femme, ils sont tombés des nues. Cette émission a fait beaucoup de bruit, à l'époque, des millions voire des dizaines de millions de vues. Les gens ont commencé à me reconnaître dans le train, dans la rue et même à l'étranger.

Cette expérience a été pour moi l'occasion de parler, de témoigner et de montrer qu'être prêtre ne signifie pas être coincé, triste ou grincheux. Les questions posées ont été l'occasion de profonds échanges. On peut dire que ce passage à la télévision a été un moment fondateur dans ma volonté d'évangéliser à travers les médias car, à la suite de cette intervention, j'ai reçu des milliers de messages sur Messenger ou en commentaires des vidéos. Certains me confiaient leur attirance pour la foi ou me demandaient quelles démarches étaient nécessaires pour recevoir le baptême. D'autres s'épanchaient en confidences sans nombre. La question de la conversion revenait souvent. D'autres me disaient qu'ils étaient bouleversés par ma joie et mon sourire, mais plus encore par ce que je disais. Pourtant, à y regarder de plus près, je ne faisais que plagier l'Évangile. C'est ainsi que j'ai compris que la parole de Dieu, simplement exprimée avec les mots d'aujourd'hui, était à même de toucher les cœurs.

Devant un tel retentissement, j'ai compris qu'effectivement, il fallait prendre très au sérieux la présence des chrétiens dans les médias et sur les réseaux sociaux. Comme l'avait fait Don Bosco en son temps du reste. À l'instar de saint François de Sales, il avait en effet dépensé une énergie folle pour évangéliser grâce aux moyens de communication de l'époque : livres, fascicules, revues…

Dans les mois qui ont suivi, j'ai reçu de nombreuses invitations de la part de producteurs de télévision pour participer à des émissions diverses et variées. J'ai refusé, car je ne voulais pas tomber dans le panneau de la bête de foire et donner l'impression de courir après la notoriété, ce qui aurait été un contre-témoignage. J'ai donc choisi de proposer les noms de confrères, par exemple mon ami le père Matthieu Bobin sur une autre émission de « C'est mon choix », ou encore mon ancien collègue de séminaire, le père Samuel Chaboussou, pour le jeu télévisé « Ninja Warrior ».

Quant aux émissions de débat, je ne m'y rends pas parce que je pense qu'il faut être armé intellectuellement. Certains de mes confrères sont beaucoup plus qualifiés, et c'est à ce titre qu'ils ont toute leur place à la télévision. Je sentais pour ma part que ce serait en tant qu'artiste chanteur qu'il fallait que je revienne. C'était plus original, désarmant et cela me ressemblait davantage. Personnellement, je n'aime pas débattre des sujets sociétaux, je finis toujours par être gêné, car il n'y a souvent que très peu d'écoute sur ces questions, pour ne pas dire une incapacité à envisager une autre façon de voir. En revanche, si je suis invité en tant que prêtre chanteur, je me sens vraiment à ma place : je peux m'exprimer comme témoin, comme artiste, parler aux cœurs de cet amour dont ils ont tant besoin et à qui j'ai consacré ma vie. Les émissions « témoignages » sont aussi propices à cela.

C'est pourquoi j'ai accepté, en janvier 2022, l'invitation de Faustine Bollaert à participer à l'émission « Ça commence aujourd'hui », sur France 2, autour du thème : « Ils ont consacré leur vie à Dieu ». Nous étions quatre prêtres – le père Pierre Marie Castaignos de l'abbaye d'Ourscamp, le père René Luc de Cap Missio, le frère Jean-Yves de la communauté Saint-Jean et moi-même – pour parler de notre vocation. J'ai accepté, car l'émission était centrée sur le témoignage et parce que je n'étais pas seul, ce qui offrait une véritable opportunité de mettre en lumière la fraternité sacerdotale que nous partageons. Un très beau moment encore disponible sur YouTube, tout comme celle de « C'est mon choix ».

Le sel de la terre et la lumière du monde

C'est en participant à ce genre d'émissions que j'ai réalisé combien le monde avait soif. Les téléspectateurs me disaient combien ils aimaient entendre quelqu'un parler de sa foi avec un tel enthousiasme. Au départ, j'ai pensé qu'ils n'avaient pas l'habitude de voir quelqu'un d'heureux pour qu'ils soient si épatés par ma joie, puis j'ai compris que mes interventions créaient un contraste entre les représentations que le grand public pouvait avoir des prêtres ou de l'Église catholique et ce que je leur donnais à voir. Il y avait également un grand fossé entre la superficialité ambiante propre à la télévision et la profondeur des échanges qui eurent cours ce jour-là.

J'ai constaté aussi que la plupart de ces personnes étaient tristes et qu'elles étaient interpellées par cette image d'un prêtre joyeux, souriant et paisible. Quand ils me contactent, c'est un peu comme s'ils cherchaient à comprendre la source de ce bonheur.

Pour les catholiques eux-mêmes, ce genre de passages à la télévision semble faire du bien. C'est si fréquent de voir les croyants ridiculisés, l'Église critiquée, notamment depuis l'explosion des affaires de pédophilie. Je reçois de nombreux messages de chrétiens qui me disent leur bonheur de voir un prêtre qui présente de manière si positive ce en quoi il croit. Mais je comprends cela moi-même, car la découverte des homélies et des conférences du père Michel-Marie Zanotti-Sorkine, par exemple, m'a bouleversé et a raffermi ma foi et ma fierté ecclésiale. Voilà enfin un prêtre dont je pouvais partager les contenus ! Il exprimait bien mieux que moi ce que je voulais dire aux autres. C'est grâce à ce genre de figures, mais aussi grâce à Arnaud Dumouch, au père Nicolas Buttet, ou encore aux prêtres du Padreblog, que j'ai forgé ma propre manière d'évangéliser.

Présence sur les réseaux sociaux

Nous le disions plus haut, un passage à la télévision a une portée gigantesque. Mais ce n'est pas l'unique terrain d'évangélisation. Selon une étude d'Ipsos en mars 2022, les 13-19 ans surfent sur Internet presque dix-huit heures par semaine. Ils consacrent autant voire plus de temps à Internet qu'à la télévision. Chez les Salésiens, nous parlons souvent de l'évangélisation de ce sixième continent qu'est le continent numérique. Autrefois, on envoyait des missionnaires en terre d'Afrique. Aujourd'hui, si on veut toucher les jeunes, on doit envoyer des missionnaires en terres « numériques ».

À l'église le dimanche, je prêche devant une assemblée d'une cinquantaine de personnes en moyenne, mais quand je poste sur les réseaux sociaux une réflexion spirituelle, des dizaines de milliers de personnes écoutent ! C'est moins que la télévision, mais nous aurions bien tort de négliger ces nouveaux moyens de communication. Les fruits sont d'ailleurs nombreux, allant de la conversion aux changements de vie, aux rapprochements avec Dieu ou encore à la mise en route d'une vie de prière.

Avant la généralisation des réseaux sociaux, j'allais déjà sur Internet via des forums. J'avais remarqué que les jeunes y étaient très présents et participaient à des débats. J'ai commencé alors à m'incruster dans ces discussions. Cela permettait un premier apprentissage de l'apologétique, c'est-à-dire de la défense de la foi. J'aiguisais mes capacités d'argumentation. Écrire permet de faire mûrir sa pensée et de bien réfléchir à ses réponses. À cette période, j'ai beaucoup écrit. Les échanges étaient très intéressants et les réflexions des jeunes me passionnaient. Grâce à cet exercice, j'ai appris à évangéliser, à parler de ma foi à un public très éloigné de ces questions, mais peut-être aussi, voire surtout, à écouter. Écouter les avis divergents des personnes athées ou provenant d'autres religions. Ce n'était pas nouveau dans ma vie, mais c'était comme un stage intensif. J'ai passé des soirées voire des nuits à lire des débats et mûrir mes réponses.

Aussi surprenant que cela puisse paraître aujourd'hui, j'ai toujours regardé les réseaux sociaux d'un mauvais œil, je me méfiais de ces outils. C'est si vrai que j'ai eu mon premier smartphone en 2019. Contrairement aux apparences, je n'aime pas ces nouvelles technologies. Je les utilise surtout par soif des âmes, voilà tout. J'ai toujours eu besoin d'analyser de l'extérieur et de voir comment évoluent les choses avant de m'engager. Mais il fallait que je saisisse comment ces réseaux fonctionnaient pour mieux comprendre mes contemporains.

C'est clairement ma participation à l'émission « C'est mon choix » qui a donné de fait un coup de fouet à mon activité sur les réseaux sociaux. D'un seul coup, j'ai eu un afflux massif d'abonnés. J'ai alors réalisé que ces nouveaux médias permettaient de toucher réellement des personnes qui ne seraient pas allées chercher de grandes vérités de foi par elles-mêmes. En créant l'offre, on crée la demande.

À la rencontre de ses abonnés

Autre dimension intéressante du ministère sur les réseaux sociaux : le « live ». Le « live » est une vidéo filmée et diffusée en temps réel. Les directs ont connu un essor monumental durant l'épidémie de Covid. Ils permettent des échanges encore plus forts grâce au fil de discussion instantanée (*chat* en anglais). Pendant que je parle, les personnes qui regardent la vidéo peuvent interagir par écrit entre eux et avec moi. On peut également partager cette vidéo avec une autre personne. L'écran se partage alors en deux, trois ou quatre, comme une visioconférence publique. Nous échangeons devant des internautes qui participent à nos discussions, ce qui offre des échanges très riches. C'est ainsi que je peux me retrouver à une heure du matin dans un live animé par plusieurs personnes LGBTQIA+ ou encore un live animé par des musulmans. Un prêtre au milieu de ces publics ne manque pas de surprendre, mais je trouve que c'est un beau témoignage. D'ailleurs, j'ai plusieurs fois reçu des marques de reconnaissance d'une personne s'affichant LGBT qui me disait : « C'est touchant de ne pas se sentir paria à votre contact, c'est un honneur qu'un prêtre ne nous méprise pas et prenne du temps avec nous. »

Les fonctionnalités se multiplient sur les réseaux sociaux et cela nécessite de fréquentes mises à jour. Je n'ai pas d'autre choix que de me former en permanence. Si on décide d'utiliser ces canaux, alors il faut savoir s'en servir, sinon on se ridiculise et on perd toute crédibilité. Ce qui fait autorité dans le domaine, c'est la croissance et l'implication de la communauté d'abonnés. Le nombre d'abonnés n'est pas le plus important mais bien davantage le fait qu'ils interagissent au moyen des « like », des commentaires et surtout par les partages de la publication. Une vidéo de belle qualité pourra très vite tomber dans les oubliettes si elle n'est pas commentée ou partagée. Dans l'univers des réseaux sociaux, un contenu en chasse un autre. Il faut donc être bref, incisif et interpeller ses abonnés. Les internautes ne vous suivent pas tant parce que vos contenus sont très qualitatifs sur la forme, mais parce que ce que vous dites les touche, leur apporte vraiment quelque chose : connaissances, joie, réconfort, soutien... Mes contenus, en dehors de mes productions musicales, sont très rudimentaires sur la forme. Ce n'est pas ce que mes abonnés viennent chercher sur ma page.

La démarche de frère Paul-Adrien d'Hardemare[1] est différente. Il soigne la réalisation technique, mais aussi le fond, et c'est ce que les jeunes aiment chez lui. Il montre ainsi qu'il ne s'invite pas en dilettante sur le continent numérique. Il ne s'y consacre pas comme moi à mes heures perdues. À chacun sa manière de fonctionner. L'important étant de rester vrai et au plus près des réalités de chacun.

1. Frère Paul-Adrien est un prêtre dominicain et vidéaste français. Il utilise cette présence sur Internet afin de faire découvrir la foi catholique en abordant des questions de société ou tout autre sujet à un public de 18 à 35 ans.

Instagram : nouveau terrain d'évangélisation

Après Facebook, j'ai résisté quelque temps à créer des comptes sur les autres réseaux. On ne s'en rend pas toujours bien compte, mais la publication de contenus est une activité chronophage. Cependant, là encore, je me suis dit que ma présence sur ces réseaux était trop féconde pour la négliger. Aujourd'hui encore, je reçois des centaines de messages par semaine de jeunes notamment qui cheminent. C'est très beau !

J'ai débarqué sur Instagram en 2019, j'y rencontre une population beaucoup plus jeune. Certains me suivent pour approfondir leur foi, d'autres par curiosité, d'autres encore cherchent à comprendre la doctrine catholique. Le plus beau, c'est lorsque certains me demandent les démarches à suivre pour devenir chrétien. Dans la grande majorité des cas, je les invite à se tourner vers leurs paroisses, je les aide éventuellement à frapper aux bonnes portes.

Quand quelqu'un me partage des soucis qui relèvent manifestement de l'exorciste, par exemple, j'essaie de l'orienter vers un prêtre qui pourra vraiment l'aider. En effet, il est à déplorer qu'il y ait encore trop de prêtres – voire d'évêques – qui ne prennent pas au sérieux ce genre de sollicitations. Mais le plus souvent, je rencontre une immense souffrance, du désespoir, un désir de mourir, une très grande solitude…

Pour le moment, chaque semaine, je propose à mes abonnés une conférence d'une heure le vendredi soir, suivie d'une soirée de prière. Je produis aussi plusieurs vidéos de réflexion d'une minute environ, appelées depuis le début « Mot du jour », inspirées du fameux « Mot du soir » de Don Bosco. Une petite réflexion qu'il partageait à ses enfants le soir avant le coucher. Dans ces vidéos courtes, j'aborde des sujets variés : la prière, les tactiques du diable, la mystique, le surnaturel, l'Esprit Saint, les phrases choc de Jésus, la vie après la mort, les fins dernières, les sacrements, la Vierge Marie, etc. Des contenus disponibles également sur ma chaîne YouTube, ou encore sur mon Instagram, mon Tiktok ou mon Facebook.

Les dangers de cette présence pour un prêtre

Si cette présence sur les réseaux sociaux porte de bons fruits, il ne faut pas être naïf et penser qu'elle est sans risque pour un prêtre. Je trouve parfois, sous mes vidéos, des commentaires inappropriés émanant de jeunes filles par exemple qui chercheraient à me déstabiliser. Un jour, je commençais un « live » sur Instagram et une nouvelle abonnée a écrit : « Vous savez, vous êtes tout à fait mon genre… » Ce type de commentaires est inévitable. Je les accueille, mais je ne m'y arrête pas. Tout ceci ne m'appartient pas. C'est humain, je ne leur en veux pas. Il n'y a rien à faire. Si mon visage peut attirer du monde, tant mieux ! Ils viendront pour de mauvaises raisons, mais seront peut-être touchés. Dieu se sert de tout.

Mais il existe surtout un risque d'orgueil et de vanité. Le Démon également se sert de tout pour nous faire tomber. Cependant je reste paisible, car la prière est ma planche de salut. Par ailleurs, beaucoup de personnes prient pour moi chaque jour. Je reste méfiant et prudent, mais confiant. De toute façon, c'est Dieu qui gère, je ne suis que son instrument. Mon désir le plus ardent, c'est d'aller au Ciel et de ramener le plus d'âmes possible à Dieu. Plus ma foi grandit, plus je réalise que, de toute façon, la véritable efficacité est celle de la prière. J'aime tant ces révélations de Jésus à bienheureuse Conchita, une mère de famille mexicaine :

> « Qu'importe que certains prêtres aient plus de talent que d'autres, plus d'amis et qu'ils brillent plus que d'autres ? Là n'est pas la véritable grandeur pour moi. Elle n'est ni dans ce qui brille ni dans ce qui passe et se voit, mais elle est dans le secret d'un cœur pur, humble et amoureux de moi. Je ne tire aucune gloire des bruyantes victoires ni de l'assentiment des foules, mais bien plutôt de la sainteté et de la perfection intérieure des âmes. Je suis libre de distribuer les talents à ma guise.
>
> Que les prêtres sachent que celui qui m'apporte le plus de consolation est celui qui a un cœur pur, une grande humilité, et que pour moi, le véritable apôtre est celui qui ne cherche pas sa propre gloire ni les applaudissements, mais celui qui cherche à me glorifier par ses sacrifices cachés, ses abnégations silencieuses, sa charité envers les autres prêtres, en les considérant

> toujours supérieurs, en les respectant, en les louant et en les aimant de tout son cœur. »
> Jésus à Conchita dans *À ceux que j'aime plus que tout.*

Par les réseaux sociaux, je suis aussi menacé par la calomnie. Elle a fait chuter de nombreux prêtres. Il est clair que plus on est exposé, plus le risque est grand. Là encore, je confie tout à Dieu, je suis entre ses mains. Mon unique devoir d'état, c'est d'avoir une vie de consacré : prière quotidienne du chapelet, adoration quotidienne également, confession tous les quinze jours, accompagnement spirituel, partage en communauté, obéissance à mes supérieurs... Tout ceci m'offre des garde-fous indispensables pour avancer sereinement dans ma vie de prêtre très exposé.

Par ailleurs, je suis soutenu et suivi par une équipe de laïcs, dont certains, particulièrement qualifiés sur le plan théologique, réagissent au quart de tour si je viens à dire une bêtise. Cette modération est indispensable. Quant à mes frères, même s'ils ne lisent pas la totalité de mes publications, ils n'hésiteraient pas à me corriger si je dérapais. Ils me voient vivre au quotidien : si j'adoptais des postures inquiétantes d'orgueil ou de prétention, je peux garantir que cela ne passerait pas du tout en communauté !

Enfin, dernier pare-feu : les autres prêtres ou religieux présents sur les réseaux sociaux. Nous formons une petite communauté bienveillante. Nous suivons nos publications mutuelles et si l'un d'entre nous devait dévier, je pense que nous aurions la simplicité de nous le dire.

Des âmes entendent parler de Dieu, peut-être pour la première fois, d'autres vont changer leur regard sur l'Église et ne plus craindre d'aborder un prêtre. Ce que je cherche, c'est à ouvrir une porte, cette porte de l'Église que beaucoup de personnes pensent fermée pour eux. Ce qu'il faut, c'est tenter de toucher le plus largement possible. Je fais donc attention à ne pas produire uniquement du contenu ultra-catho, sans quoi je n'attirerais que des croyants déjà convaincus.

Les *lives* du vendredi soir, sur Instagram, débutent par un topo, puis de 22 heures à minuit, nous prions. Là, il se passe beaucoup de choses. Certaines personnes tombent sur la vidéo par hasard et se trouvent en contact avec un prêtre. Comme avec des enfants, je leur donne des indications pratiques pour créer des conditions d'intériorité, le tout accompagné de chant et de piano. Une occasion pour elles de se livrer, de déposer leurs soucis, leurs épreuves, et nous prions les uns pour les autres. Lors de ces soirées, il y a une onction, c'est-à-dire une telle présence palpable de Dieu. C'est tout à fait comme si nous vivions une veillée d'adoration : la porte de l'église ouverte et des passants de la rue entrent pour quelques instants. Il y a des grâces de guérisons, parfois physiques, mais surtout intérieures. L'Esprit Saint agit avec une telle puissance que des phénomènes mystiques s'opèrent.

Chapitre 9
T'aurais voulu être un artiste ?

« La miséricorde du Seigneur,
à jamais je la chanterai ».
(Ps 88,2)

Goût pour le piano et la musique

La musique est entrée très tôt dans ma vie. Il y avait un très beau piano Bechstein qui trônait à la maison sur lequel personne ne jouait. C'était bien dommage. C'est pourquoi j'ai demandé, à l'âge de 9 ans, à prendre des cours de piano, à l'école de musique de Salernes, village voisin dans le Var. Au bout de deux ans, passé l'enthousiasme des débuts, je me suis lassé, je me suis rendu compte que ce n'était pas si simple d'apprendre à jouer d'un instrument et j'ai perdu toute motivation. Fort heureusement, ma mère m'a obligé à continuer. Je lui en suis aujourd'hui très reconnaissant. Sans cette obligation de continuer, je n'aurais jamais eu un tel parcours musical.

Je raconte souvent ça aux parents d'enfants qui veulent prématurément arrêter une activité.

Mais c'est au collège que j'ai eu mon premier déclic artistique. Je continuais alors mes cours au conservatoire d'Épinal. Lors d'une soirée de prière, j'ai vu un ancien élève s'installer au piano et jouer comme j'aurais tellement aimé jouer. Je voyais ses doigts courir sur le clavier. J'étais très impressionné. C'est tellement beau ! Ce jour-là, je me suis dit que je devais absolument réussir à jouer au moins aussi bien que lui. Ma motivation était d'autant plus grande que ce jeune parti, plus personne ne jouait du piano dans notre école. Je devais donc prendre la relève et le défi était de taille ! Pour cela, je devais me mettre sérieusement au travail. Je me débrouillais pour finir très rapidement mes devoirs et je filais sur le piano pour m'entraîner, quelquefois jusqu'à deux heures par jour. À force d'entraînement, j'ai fini par acquérir une certaine aisance, notamment dans l'accompagnement des chants religieux, tantôt à l'orgue, tantôt au piano.

J'aimais ce nouveau rôle, je me sentais utile à la communauté. Ce n'est pas pareil de jouer un air qui fait plaisir à ses parents à la maison et de jouer pour aider une centaine de personnes à prier. C'était vraiment gratifiant. Par ailleurs, cette expérience m'a permis de surmonter ma grande timidité et m'a aidé, pendant ces années de collège et de lycée, à gagner en confiance en moi.

Se libérer par la musique

Ce qui est bien avec l'accompagnement des messes et autres célébrations, c'est que souvent la partition se réduit à une mélodie avec des accords. Il faut donc apprendre à jouer ces accords et à diversifier la manière de les jouer. Les notes ne sont pas écrites, il faut en quelque sorte improviser. Et avec le temps, on acquiert une aisance dans l'improvisation.

Improviser m'a tellement libéré que s'est défini un nouveau rapport à l'instrument. Lorsque je jouais une pièce classique, j'avais un tel rapport de liberté avec l'instrument que cela donnait l'impression que le morceau venait de moi. Je m'appropriais de grandes pièces comme si je les inventais au moment où je les jouais. Mais surtout, l'improvisation m'apportait une aisance dans le rapport à l'instrument, le sentiment de le dominer et non l'inverse. Les jeunes apprentis ont peur de la fausse note, de manquer de maîtrise de l'instrument, tandis qu'à force d'improvisation, il y a une familiarité avec l'instrument, telle celle du dresseur qui dompte sa monture. Je pouvais désormais utiliser la musique pour exprimer des émotions, des couleurs, des sons, une rythmique particulière. Cela a facilité mon apprentissage au conservatoire : au lieu des trois voire quatre années par cycle, je n'ai passé qu'un an dans chaque cycle. En classe de première, je tentais déjà l'examen de la médaille d'or (examen sanctionnant la fin des études musicales du conservatoire), mais je ne suis parvenu à décrocher que l'argent. L'année suivante, je décrochais la médaille d'or.

En terminale, je me suis attaqué à un examen qui ouvrait les droits pour des concours internationaux. Et cette même année, on proposait aux médaillés d'or du conservatoire une expérience de concertiste, accompagné par un orchestre. Cette proposition était tout à fait exceptionnelle. J'ai évidemment accepté. Une opportunité pareille ne se représenterait pas. J'ai décidé de jouer les Variations symphoniques de César Franck, une sorte de concerto d'une quinzaine de minutes. J'ai vécu un moment fabuleux. C'était un vrai concert. Nous avons joué devant 600 personnes. Ma mère avait fait le déplacement depuis le Var. Ce concert a évidemment été un événement fondateur pour moi. J'ai signé mes premiers autographes! Les gens me faisaient des compliments, me disaient qu'ils avaient été émerveillés.

Pendant mes études supérieures, j'ai arrêté les cours et me suis intéressé au jazz. J'allais dans un bar dans lequel j'avais repéré un pianiste qui jouait très bien du jazz. Il m'a donné quelques cours. Évidemment, la question d'une carrière de concertiste m'a travaillé. Mais mon désir de devenir prêtre était plus fort. La musique ne serait pas mon métier, j'ignorais même, à l'époque, si elle pourrait un jour faire partie de ma vie de prêtre.

La musique, une école de la volonté

La musique ne m'a pas juste permis de vaincre ma timidité, elle a contribué à guérir de profondes blessures. Quand on joue une sonate de Beethoven ou un concerto de Rachmaninov, on ressent des émotions exceptionnelles, la mélodie vient nous rejoindre intimement. C'est assez difficile à exprimer. On entre dans des états émotionnels d'une subtilité et d'une profondeur uniques. Nous pouvons ressentir ce que je dis là en écoutant une chanson, par exemple. C'est encore plus fort quand on joue ou qu'on chante. Toutes les fois où j'ai été en grande souffrance, guetté par le désespoir, le piano a été pour moi d'un grand secours. Ce qui est intéressant, c'est la synchronicité émotionnelle, ce sentiment d'être rejoint dans ce que l'on vit à l'intérieur. J'ai vraiment expérimenté cela avec les Nocturnes de Chopin ou les Préludes de Bach.

En fait, la musique devient un langage. Une langue qui exprime ce que les mots ne disent pas. Dans l'interprétation d'une œuvre, nous voyageons littéralement. Si bien qu'à la fin du morceau, il nous faut quelques instants pour redescendre. Il faut dire que j'ai eu des professeurs extraordinaires au conservatoire, qui m'ont justement appris à me mouvoir dans ces subtilités émotionnelles.

Pour réussir à transmettre, il faut éduquer son écoute. La matière du son, le velours, la soie, la rudesse… On pense qu'il suffit d'appuyer sur une touche du piano pour que ça sonne. Mais il y a mille manières de faire résonner cette note. Il y a une science prodigieuse du son, le tout relié à qui je suis, à ce que je veux transmettre, à l'intention musicale. C'est un monde de subtilité incommensurable. Mais rien n'est possible en musique sans un travail acharné, une exigence, la répétition de gestes des centaines de fois jusqu'à la réussite complète du petit enchaînement de notes, la constance tout au long de l'année… Apprendre la musique est aussi une véritable école de la volonté.

De nombreuses études en neurosciences ont démontré les bienfaits de l'apprentissage de la musique sur le développement cognitif. Rien d'étonnant là-dedans tellement le développement est complet : sensoriel (recherche de la sonorité), cognitif (solfège, logique harmonique), émotionnel (atmosphère de la pièce musicale), relationnel (on joue toujours pour les autres), gestion du stress (jouer devant une salle pleine à 13 ans), culturel (on voyage dans le temps et l'espace selon ce qu'on joue), sens de la rigueur, exigence, détermination, endurance, et j'en passe. Apprendre la musique est exigeant.

Comme je le disais plus haut, cette passion pour la musique ne m'a pas détourné de mon désir profond de devenir prêtre. J'avais entendu parler de prêtres concertistes. Le concept m'a longtemps fasciné, mais ce n'était pas concrètement réalisable ne serait-ce qu'à cause du temps que nécessite l'entretien de la finesse mécanique des mains d'un concertiste classique.

Alors, petit à petit, la musique a été oubliée, rangée dans un coin. Les études de psycho me passionnaient également, puis le séminaire, la vie religieuse... L'appel de la vie consacrée a pris toute la place. Je me disais qu'au fond, si le Bon Dieu voulait que je retourne à la musique, il le manifesterait d'une manière ou d'une autre.

Troubadour du Christ

Quant au chant, je crois qu'il a toujours fait partie de ma vie. J'ai toujours aimé chanter. À l'internat, j'étais à bonne école, la liturgie de la communauté des Béatitudes était superbe, tous les chants polyphoniques étaient absolument magnifiques. Participer à la chorale était une vraie joie. Et au conservatoire, quand il a fallu choisir un deuxième instrument dans le cursus du DEM (Diplôme d'études musicales), c'est tout naturellement que j'ai choisi le chant pendant deux ans. Chant lyrique, plus précisément.

Mais c'est une émission de télévision qui a tout changé : « The Voice ». Je suis tombé dessus par hasard un soir, en 2012, et cette découverte a éveillé en moi un désir profond de me remettre au chant plus sérieusement. Pour tout dire, je n'ai jamais vraiment regardé la télévision. Je ne sais pas trop ce qui m'a poussé à l'allumer ce jour-là, mais quand j'ai entendu les candidats chanter, j'ai eu comme une révélation : il me semblait qu'il n'y avait rien de plus beau et de plus puissant sur la planète que le chant.

La saison 2 m'a particulièrement touché : Dièse, Louane, Emmanuel Djob, Gérôme Gallo, Marlène Schaff. Quelles voix! Mais je fus particulièrement fasciné par la voix de Yoann Fréget, le vainqueur de cette édition. Je me suis mis à le suivre sur les réseaux sociaux et j'ai appris, en 2014, qu'il animait une Master class de chant en région parisienne. J'habitais à l'époque à Argenteuil, je me suis donc inscrit pour travailler le chant, mais aussi pour rencontrer ce chanteur époustouflant qui m'avait donné cette envie de revenir au chant. Je n'y voyais pas encore de sens. J'étais religieux, bientôt prêtre, j'avais autre chose à faire que de chanter, et pourtant je continuais car je sentais qu'il le fallait, comme un commandement intérieur.

J'ai commencé à rencontrer de plus en plus d'artistes, chrétiens dans un premier temps, mais pas uniquement. Une fois prêtre, il m'est apparu comme évident que je devais me mettre plus sérieusement encore au chant. Pour se faire un nom dans ce petit monde, il faut beaucoup travailler et prendre au sérieux la musique. J'ai donc pris des cours et j'ai appris des titres que je postais ensuite sur les réseaux sociaux. Une habitude qui m'a vraiment stimulé et qui m'a permis de progresser.

Dans le même temps, je traînais dans les bars parisiens où se déroulaient des soirées « scène ouverte » et je participais à des petits concerts çà et là. Cela me permettait d'étendre mon réseau, de faire des rencontres formidables. Ma présence dans cet univers artistique offrait à des personnes très éloignées de la foi d'entrer en contact avec un prêtre. Un homme qui a consacré sa vie à Dieu et qui est là, dans un bar, à une heure du matin, en col romain, en train de chanter ou d'échanger, ce n'était pas banal. Ce n'est pas eux qui se tournaient vers l'Église, c'est elle qui venait à eux.

Qu'est-ce qui pourrait sauver l'amour ?

Un des autres aspects du chant, découvert au fil de ces années d'apprentissage, est la puissance des messages que porte la chanson. Une chanson, c'est une musique, un texte, une voix, une âme. Le chant devenait un outil pour délivrer des messages.

Si je chante *Sauver l'amour* de Daniel Balavoine dans la rue, par exemple, quand vient cette sublime interrogation : « Où est le Sauveur ? », c'est difficile d'envisager autre chose que le Christ dans la bouche d'un prêtre. Même dans une chanson d'amour, comme *Petite Marie* de Francis Cabrel, j'y trouve un sens, proche de la prière. Quand je la chante, je n'oublie pas de préciser que je la dédie à la femme de ma vie… la Vierge Marie.

> Petite Marie, je parle de toi
> Parce qu'avec ta petite voix
> Tes petites manies, tu as versé sur ma vie
> Des milliers de roses […]
> Je viens du ciel et les étoiles entre elles
> Ne parlent que de toi.

Et puis, j'aime être là où on ne m'attend pas, aller chercher les âmes là où elles sont.

Aujourd'hui, je crois même pouvoir dire que je n'ai pas besoin de chanter. La musique n'est plus une bouée de sauvetage comme durant mon adolescence et ma jeunesse. Pour moi, c'est plutôt une manière puissante et universelle de rejoindre les âmes. C'est un langage, une communion.

La musique, cheval de Troie pour la mission

Rejoindre ces milieux est essentiel. C'est un monde dans lequel cohabitent des personnes très différentes, aux orientations sexuelles diverses, un monde touché aussi par les addictions, l'alcool et la drogue parfois. Les artistes que je rencontre me disent qu'ils sont touchés par ma présence, par mon écoute sans jugement. « Enfin quelqu'un avec qui on peut parler de Dieu », me disent-ils. Parler n'est d'ailleurs pas toujours nécessaire, une simple présence souriante et paisible interpelle.

Je deviens l'ami de ces artistes qui, du reste, me reconnaissent comme l'un des leurs car moi aussi je fais des castings, moi aussi je m'essaie sur scène, je construis des projets artistiques, en galérant comme eux, en travaillant pour percer, en cherchant de l'argent pour produire un album. Par ailleurs, ma compétence musicale est reconnue et me donne une légitimité à leurs yeux. Je suis l'un d'eux. Et pourtant… je suis bien prêtre.

Les artistes ont souvent en commun une très grande sensibilité. Ils sont assez intuitifs même. Je crois qu'ils ont saisi ma sincérité. Ma joie n'est pas feinte, je ne porte pas de masque, je ne triche pas. Et cela les touche. Alors oui, chanter, être présent dans ces univers si différents de ceux que nous sommes habitués à fréquenter est une évidence. Toujours étroitement liée à cette soif des âmes qui m'a conduit au sacerdoce.

Mais est-ce bien la place d'un prêtre ? se demandent certains. Je crois que suivre le Christ, c'est l'imiter dans ses œuvres. Et que dit la Parole à ce sujet ?

> « Comme Jésus était à table à la maison, voici que beaucoup de publicains (c'est-à-dire des collecteurs d'impôts) et beaucoup de pécheurs vinrent prendre place avec lui et ses disciples. Voyant cela, les pharisiens disaient à ses

disciples : "Pourquoi votre maître mange-t-il avec les publicains et les pécheurs ?" Jésus, qui avait entendu, déclara : "Ce ne sont pas les gens bien portants qui ont besoin du médecin, mais les malades." » (Mt 9,10-12)

Création de la chorale Cap Cœur

En novembre 2015, les attentats ont bouleversé les enfants dont je m'occupais à Argenteuil. Il fallait riposter, montrer au monde que l'on pouvait vivre ensemble en pratiquant des religions différentes, sans haine ni violence. À l'époque, je faisais de l'aide aux devoirs. Un soir, une jeune élève, musulmane, est venue réviser son cours de musique à l'association, je lui ai proposé de me chanter sa chanson. Au début, elle n'osait pas, puis elle s'est lancée à condition de mettre son écharpe autour des yeux pour se cacher. J'ai alors découvert qu'elle avait une voix superbe et qu'elle voulait faire partie de la chorale de la paroisse, mais qu'elle ne pouvait pas – elle venait d'une famille très observante, elle-même portait le voile à 11 ans. L'idée nous est alors venue de mettre sur pied une chorale, qui serait ouverte à tous, quelle que soit sa religion. Nous l'envisagions comme un témoignage de ce que nous vivions à Argenteuil. En effet, la première chose qui m'a ébloui en arrivant, c'est de constater et d'expérimenter la concorde entre religions, cultures, milieux sociaux. Cette grande diversité se cotoie joyeusement, sans se poser de questions, s'invitant les uns chez les autres, œuvrant ensemble. Alors que si l'on s'en tient au discours des médias, on pourrait penser le contraire. Je ne dis pas que c'est rose tous les jours, mais cette qualité de vie dans une telle diversité mérite d'être connue et encouragée. C'était aussi une façon de donner aux enfants un espace pour exprimer leur chagrin devant ces événements si difficiles et de faire entendre leur intercession en faveur de la paix.

Dans notre ADN salésien, nous avons à cœur de repérer les talents des jeunes. Ça n'a donc pas été difficile pour moi de recruter une douzaine d'enfants, trois juifs, trois chrétiens, trois musulmans et trois sans religion. À force d'étudier les différentes religions, j'avais remarqué que la notion de miséricorde était présente et importante dans chacune d'elles. Le mot « miséricorde » vient de l'hébreu (et de l'arabe) *a-rahman*, « sein maternel », c'est-à-dire l'amour inconditionnel de la mère pour son enfant. Dieu révèle son nom « Miséricorde » dans l'Ancien Testament et le Coran s'ouvre sur ce titre divin de « Miséricordieux ». Il y a même une figure d'insistance qu'on peut éventuellement traduire par « Allah le très clément et très miséricordieux ». Les catholiques n'étaient pas en reste puisque nous étions en pleine Année jubilaire de la miséricorde. Même si la miséricorde ne recouvre pas exactement les mêmes réalités en islam et dans le christianisme, je me suis dit qu'il s'agissait d'une notion capitale et fondatrice.

J'avais composé le refrain d'une chanson et j'ai proposé aux enfants d'écrire les couplets. Je les invitais ainsi à exprimer ce qu'ils comprenaient de cette notion de miséricorde dans leur tradition religieuse et dans le quotidien. Je vous partage le texte de cette chanson qui, je l'espère, vous donnera envie d'aller découvrir le clip « Les enfants de la Miséricorde » sur YouTube :

> Tant qu'on se juge,
> On ne peut pas s'aimer !
> Religion ou pas,
> C'est l'Amour qui donne la Joie !
> (couplet des « sans religion »)
>
> **Refrain :** Miséricorde, Miséricorde
> Cœur de Père, cœur de Mère (2x)
>
> De toute ma voix :
> Éternel A RAHMAN !
> Ta Pitié, Ton Pardon
> Sont pour tous Tes enfants
> (couplet des enfants juifs)
> **Slam :**
> Une mère abandonne-t-elle son enfant ?
> Combien même ta mère ou ton père t'abandonnerait, MOI je ne t'abandonnerai jamais JAMAIS (livre d'Isaïe 49,15)
> Jamais
> J'aimais,
> J'aime,
> J'aimerai !
> Mais JAMAIS j'aimerais si tu ne m'avais aimé,
> Car tu m'as aimé le premier.

Est-ce que tu comprends
Que l'Amour, ça s'apprend ?
Oh ! Oui rien n'est plus URGENT,
Que d'aimer sans condition.
(couplet des enfants chrétiens)

A RAHMANE
C'est le premier nom de Dieu.
On peut dire d'où que tu sois,
On vient tous du même endroit.
(couplet des enfants musulmans)

Pont avec 2e slam
De convictions différentes et alors ?
Que mes yeux en toute personne,
Voient les cieux et larmes qui résonnent,
Larmes du bébé, aLARME de vie,
Cieux du Sacré, SI EUX le savaient…
Que mes yeux en toute personne
Sachent voir le fils de l'Homme,
Que mes yeux même tout petits,
Sachent voir le fils, le frère et l'ami,
En Autrui,
En lui
En Lui,
Un ami,
Une âme
UNE
UN
UNI

À travers ce projet, les enfants voulaient clamer au monde l'urgence de la paix et de l'amitié. Ils voulaient rappeler que les attentats ne devaient pas nous diviser, mais nous unir davantage.

Évidemment, tout cela peut paraître bien naïf. Et je ne suis pas aveugle face à la crise migratoire et à la progression de l'islam sur notre sol, mais l'Esprit Saint nous surprend parfois. Il y a des évidences qui apparaissent sur le terrain. Et tout s'aligne. Tout devient fluide. Ce n'est parfois qu'après coup qu'on saisit pourquoi il était nécessaire de se lancer dans tel ou tel projet. D'ailleurs, je ne suis pas à proprement parler à l'origine du projet, ce sont les enfants eux-mêmes qui m'ont poussé à me lancer dans cette aventure humaine et spirituelle si belle.

Cap Cœur a permis, et permet encore, aux enfants de s'exprimer sur cette question si épineuse du dialogue entre les religions. Cette expérience a été forte, car elle a permis également aux enfants d'être entendus dans leur volonté d'avancer main dans la main, malgré leurs différences culturelles et cultuelles.

Est-ce une œuvre d'évangélisation ? On pourrait en douter dans la mesure où clairement, mon objectif n'était pas d'approcher des enfants musulmans, ou juifs, pour qu'ils deviennent chrétiens. Mais je me suis dit que si je commençais par leur apprendre à s'aimer, à se connaître, à se respecter, c'était déjà un bon début. « Où sont amour et charité, Dieu est présent », chante-t-on dans cette hymne très ancienne de l'Église d'Occident, lors du geste du lavement des pieds, le soir du Jeudi saint.

Un projet qui dure

Nous avons continué l'aventure Cap Cœur en enchaînant les concerts. Puis nous nous sommes lancés dans un nouveau projet : produire un nouveau clip, sur une chanson de Yoann Fréget. *Couleurs Love.*

Notre chorale est depuis sollicitée dans le cadre d'émissions musicales (« Incroyable Talent » sur M6, « The Voice » sur TF1, « 300 chœurs », un concert télévisé de charité, ou encore « La boîte à secrets » sur France 3…). Aujourd'hui, ayant quitté Argenteuil, je les suis à distance, je suis encore le responsable de la chorale, faute de mieux, mais en réalité, des mamans de choc et deux chefs de chœur ont pris le relais. Les chaînes de télévision me contactent et je leur transmets les demandes. Notre chorale a su se faire une place et je suis très fier pour les enfants. On nous a contactés par exemple pour le clip de Mathieu Sempéré *Leur héritage*. Une très belle vidéo disponible sur YouTube. Nous avons tourné un clip avec Esteban y Diego. Nous avions même un projet d'album.

Cette chorale peut se créer ailleurs, cela s'est fait pendant un an à Marseille. C'est un concept qui peut s'exporter, l'objectif étant de réunir des enfants de confessions différentes et de faire entendre leur voix. Ce que nous souhaitons, c'est que, dans ces chorales, la religion ne soit pas taboue et que nous puissions nous enrichir les uns les autres. Les petits chanteurs sont des ambassadeurs, ils sont comme investis d'une mission : interpeller les adultes sur l'urgence de la paix, par la qualité de leur chant.

Le chant au service des jeunes

Dans mon collège, en Normandie, j'ai également créé une chorale. Apprendre aux jeunes à chanter m'apparaît capital dans ma démarche d'éducateur, car le chant est un outil pédagogique puissant. Il apprend à respirer, à se poser, à ressentir, à vibrer, à écouter les autres, à ne former plus qu'une seule voix, à prendre confiance en soi, à affronter le regard des autres, à découvrir l'importance et la force des mots, la richesse de la culture. Offrir un concert, c'est récolter le fruit de son travail en voyant la joie sur les visages des spectateurs. C'est vraiment gratifiant. Le travail individuel est toujours très intéressant. Je m'émerveille en voyant ce que l'on peut explorer avec le chant, libérer voire… guérir.

La jeune musulmane, dont je parlais plus haut, à l'origine du lancement de Cap Cœur, a été transformée par cette expérience. Elle qui se cachait pour chanter a fini par être une meneuse au sein du groupe, n'hésitant pas à interpeller avec fougue le public. Combien de fois ai-je été témoin de métamorphoses de ce genre ? J'ai vu de véritables résurrections chez les jeunes grâce au chant.

La chorale apprend également la vie en société. Il y a toujours, dans un groupe, un enfant qui parle plus haut que les autres et qui cherche à se faire remarquer. Avec la chorale, il doit se discipliner et ne pas chercher à chanter plus fort, il doit se fondre dans le groupe. C'est très éducatif. Et inversement, celui qui tente de s'effacer va devoir trouver toute sa place dans le chœur.

Cet entraînement est vraiment bénéfique, j'irais même jusqu'à dire qu'il est thérapeutique. C'est une véritable école de vie en définitive.

Par ailleurs, le chant religieux, quand il est interprété avec toute son âme, ouvre les cœurs autant que les écluses des Cieux et l'onction de Dieu se répand, l'atmosphère change, et une grande profondeur de prière, une connexion avec l'intimité de notre âme permet des guérisons. Ce n'est pas la musique qui guérit, mais elle induit un état d'ouverture de cœur propice à l'accueil des grâces qui pleuvent du haut du Ciel. C'est un peu ce qui se passe aussi lors du « *live* de prière » du vendredi soir. Pourtant, je joue sur un pauvre piano et le son de ma voix est d'une bien mauvaise qualité. L'essentiel est ailleurs. Ce qui rejoint la personne, c'est la connexion spirituelle plus que la perfection technique, même s'il n'est pas question de négliger cette dernière.

Musique et réseaux sociaux

Pendant le confinement, j'animais une émission sur Instagram « Ça va mieux en chantant » qui consistait à faire monter à l'écran en direct des chanteurs et chanteuses de talent, parfois même célèbres. Nous avons eu Julie Zenatti, Ann Shirley, Candice Parise, Le Môme, Terence, Tarik et Lissandro (vainqueur de l'Eurovision Junior 2022), Manou Bolomik (un chanteur de rap chrétien), Esteban et Diego (du groupe Kids United), Marina d'Amico, Ziza Fernandes (une star au Brésil), ou encore Ben l'Oncle Soul et tant d'autres.

Cette mise en avant de talents m'a permis d'être visible sur les réseaux sociaux et d'être suivi par des personnes qui n'auraient jamais suivi un prêtre sur Instagram ou TikTok. Si je n'avais parlé que de Jésus, je n'aurais certainement pas attiré autant de monde et les artistes ne m'auraient peut-être pas pris autant au sérieux.

Au fil du temps, des artistes et des amateurs de chants m'ont offert leur considération et leur confiance. Ils sont venus à moi parce que je les ai rejoints par la chanson et la musique. Et, chemin faisant, ils sont restés sur ma page et suivent des vidéos dans lesquelles je parle explicitement de l'amour de Dieu. En faisant cela, je casse l'algorithme de ces réseaux qui a tendance à enfermer les gens dans leurs centres d'intérêt. Cela m'évite également de ne me retrouver qu'avec des abonnés cathos convaincus. Je brasse les populations.

Cette immersion dans ces milieux si différents nourrit ma prière. Une prière qui contemple cette humilité que seuls des pauvres, des blessés, des cabossés peuvent donner à voir. Suivant les pas de mon Maître, j'apprends à connaître mes brebis. Plus je les connais, plus elles entendent ma voix. C'est ainsi qu'elles finiront par le reconnaître.

Cette proximité avec le milieu artistique m'a permis également de prendre conscience de la difficulté pour certains de pousser la porte d'une église. Les personnes les plus éloignées de la foi rencontrent souvent le même obstacle, il est de l'ordre du préjugé : ils n'osent pas faire un pas vers l'Église, parce qu'ils se sentent indignes, étrangers, lointains ou parce qu'ils ont peur d'être jugés. En rendant le prêtre accessible, en me rendant accessible, alors un champ de possibles s'ouvre. Certains se mettront « seulement » à prier. D'autres franchiront les portes d'une église. Certains demanderont le baptême. D'autres une simple bénédiction.

Régulièrement, des artistes ou gens du showbiz frappent à ma porte parce qu'ils ont été touchés par mes vidéos ou parce qu'ils ont entendu parler de moi. Allant parfois jusqu'à traverser la France. Ce qui est bien, c'est qu'en bonne intelligence avec mes confrères, ils viennent voir frère Benjamin, mais ils découvrent une communauté. Et là, le témoignage devient encore plus bouleversant pour eux. Surtout quand la communauté est si accueillante, simple et chaleureuse comme ici à Giel.

Prêtre et chanteur

De mon côté, j'avais des idées artistiques plein la tête, mais je ne savais pas comment m'y prendre, j'étais sans le sou et sans les compétences nécessaires à leur réalisation. Après quelques castings qui n'ont pas abouti, j'ai fini par jeter l'éponge. Je me suis alors tourné vers Dieu en lui demandant de manifester clairement sa volonté. S'il voulait que je trouve ma place dans cet univers musical, il fallait qu'il me donne un coup de pouce. Je m'en remettais totalement à lui.

Quelques jours plus tard, j'ai reçu un appel de Matthieu, une vieille connaissance de Waouh, un groupe de louange alsacien. Il me disait avoir sympathisé avec un guitariste, une figure du milieu de l'industrie musicale, qui était désormais réalisateur d'albums et directeur artistique. Avec un réalisateur de cinéma, chevronné lui aussi, et d'autres pointures encore, ils projetaient de développer un artiste catholique. Et ils avaient pensé à moi! Incroyable! Combien de fois dans la vie expérimente-t-on que c'est au moment où on renonce complètement à quelque chose que cela nous est donné de façon inattendue? Peut-être simplement parce qu'on accepte de lâcher prise, de s'abandonner?

Avec cette équipe tombée du Ciel, j'ai découvert la puissance d'un travail d'équipe. Jusqu'à présent, c'est moi qui faisais tout. Cet accompagnement m'a permis de mettre en lumière ce que je portais intérieurement. Un artiste porte souvent des intuitions fortes, une parole radicale, mais un travail d'équipe permet de tailler ce bloc pour faire sortir la sculpture qui s'y trouvait en puissance. À leurs côtés, j'ai appris énormément et je me réjouis à l'idée de pouvoir transmettre un jour ces nouvelles compétences aux jeunes qui voudront se lancer à leur tour.

Ensemble, nous avons sorti, le 1er novembre 2022, le premier titre d'un album qui s'intitule « TOI ». Ce morceau résume tellement ma vie, la vie d'un chrétien, la vie d'un sauvé. Je vous livre ici les paroles :

> 1/ Toi, Tu prends soin chaque jour
> de parler à nos cœurs de ton amour
> Toi Tu écoutes nos rêves
> nos souffrances nos silences
> C'est toi qui donnes un sens à nos vies

chaque jour qui se lève chaque nuit qui s'achève.
Je n'ai rien fait pour mériter que Tu sacrifies tout pour nous
et je ne fais qu'accepter que Tu nous donnes tout

2/ Toi, tu reviens chaque jour
pardonner, pardonner sans retour
Toi au milieu du chemin
Tu nous tends toujours la main
Merci, merci
Tu T'es donné
Je suis sauvé

Chanté par un prêtre, il est difficile d'imaginer que cette chanson ne s'adresse pas à Dieu, mais il n'est pas nommé. À la fois parce que ce n'est pas nécessaire et parce que j'aime à penser que certaines phrases peuvent s'appliquer à un « TOI » qui a joué un rôle capital dans notre vie, une mère, un parrain, un ami… Peut-être même – et je l'espère – des non-croyants pourront se sentir rejoints par ce texte simple et authentique.

Chapitre 10

Être chrétien, qu'est-ce que ça change ?

« Un salésien ne gémit jamais sur son temps. »
(Don Bosco)

Apports des révélations privées dans ma vie de foi

Répondre à cette ultime question, c'est plonger dans le cœur de la vocation humaine. Pourquoi sommes-nous chrétiens ? Pourquoi choisir de suivre le Christ ? Pour le savoir, il faut revenir à la parole de Dieu. Dans les Évangiles, mais également dans les Lettres de saint Paul ou dans les Psaumes, Dieu nous montre un chemin qui conduit au bonheur véritable. Et c'est en empruntant ce chemin, que nous comprenons au fur et à mesure le sens de tout cela.

Dans mon cheminement personnel, dans mes périodes de grandes sécheresses spirituelles, je me suis plongé dans des récits de révélations mystiques. Sous la plume de Maria Valtorta, sainte Faustine, Luisa Piccarreta, de la bienheureuse Conchita, du padre Pio, du curé d'Ars, ou tout simplement de Don Bosco, j'ai trouvé un feu, une passion, un langage amoureux. Avec eux, la parole de Dieu est devenue vivante et encore plus attrayante. Leurs écrits m'ont permis d'appréhender l'Évangile de manière nouvelle. Certes, toute la Révélation est contenue dans les Saintes Écritures et ces lectures n'ajoutent rien à l'enseignement du Christ, mais elles l'éclairent, l'explicitent et lui donnent du relief. Elles ont été d'une puissance redoutable contre mon embourgeoisement spirituel.

L'Église ne prend pas toujours la peine de reconnaître toutes ces révélations, mais le Magistère enseigne que le peuple de Dieu, par l'Esprit Saint, est capable de sentir (*sensus fidelium*) ce qui va ou non dans le sens de la foi. Ce qui compte, c'est que rien, dans ces lectures, ne vient contredire un seul mot de la Révélation ou de l'enseignement de l'Église. Dans *Lumen Gentium* (une des constitutions dogmatiques du concile Vatican II), l'Église explique même faire confiance au « sens chrétien des fidèles » et à la « droite conscience morale des hommes ». En clair, je crois que l'Esprit Saint nous permet de sentir si tel ou tel écrit est de Dieu ou pas. Par ailleurs, la fécondité de ces révélations est telle que je ne peux qu'en recommander la lecture. Si Jésus et sa sainte Mère prennent la peine de venir sur la Terre pour nous enseigner, pourquoi s'en priver ?

Je n'ai pas osé lire le *Petit Journal* de sainte Faustine avant l'Année jubilaire de la miséricorde, en 2016. Jusqu'alors, il me paraissait indigeste. Et pourtant, quelles richesses on découvre dans cette intimité du Christ avec cette jeune Polonaise du xxᵉ siècle ! Dans ce livre, j'ai reconnu Jésus que j'adore dans l'eucharistie et avec qui je converse depuis que je suis tout petit.

Un sentiment que j'ai également ressenti en découvrant *L'Évangile tel qu'il m'a été révélé* de Maria Valtorta. Jésus a permis à cette Italienne du xxᵉ siècle de vivre en immersion totale dans de nombreuses scènes de l'Évangile qu'il lui a demandé de retranscrire. Un récit de la vie de Jésus, étonnant de précisions, dont la lecture a été encouragée, selon des témoins fiables par le pape Pie XII, sainte Teresa de Calcutta ou encore le padre Pio. On m'en avait recommandé la lecture pendant des années, mais je m'en méfiais un peu. J'ai dû cependant reconnaître qu'au bout de quelques pages, j'ai reçu une claque céleste monumentale. Une nouvelle fois, je le reconnaissais. C'était lui. Il n'y avait aucun doute là-dessus. Cet ouvrage a été, après *Frère François* de Julien Green, celui qui m'aura fait le plus pleurer de toute ma vie. Émotion immense de découvrir ce Jésus que j'aimais tant avec un nouveau regard. Le sien. Mon amour et ma compréhension de la parole de Dieu n'en ont été que renforcés.

Cela peut paraître étrange, mais je crois que la lecture de la mystique a développé chez moi une plus grande fidélité au Magistère. Elle m'a permis une analyse plus pertinente en exégèse et m'a évité certaines erreurs théologiques dont mes cours à l'université catholique ne m'avaient pas autant prémuni.

Redécouvrir la parole de Dieu. C'est le véritable enjeu. Et nous avons quelquefois besoin de saints pour nous permettre de redécouvrir cette Parole vivante. Des expressions comme « transformation en Jésus » de la bienheureuse Conchita, « offrande de soi » de sainte Thérèse de l'Enfant-Jésus et tant d'autres, « aimer ou mourir » de la bienheureuse Agnès de Langeac, « fais de moi ce qu'il te plaira, quoi que tu fasses je suis prêt à tout, j'accepte tout » de saint Charles de Foucauld, ces expressions n'apparaissent pas telles quelles dans l'Évangile, mais en découlent avec évidence et font résonner la parole de Dieu autrement. Ne nous privons pas de ce que les saints nous ont transmis. C'est trop précieux!

Il y a en effet des figures dont la radicalité nous bouscule et nous fait progresser spirituellement. À la lecture de la vie de saint François d'Assise, par exemple, j'ai accueilli de manière très claire cette invitation du Christ à nous laisser dépouiller. Je vous livre ici un extrait des *Fioretti de saint François d'Assise* qui m'a particulièrement bouleversé :

> Saint François appela d'une voix forte : « Ô frère Léon, quand même le frère mineur saurait si bien prêcher qu'il convertirait tous les fidèles à la foi du Christ, écris que là n'est point la joie parfaite. »
>
> Et comme de tels propos avaient bien duré pendant deux milles, frère Léon, fort étonné,

l'interrogea et dit : « Père, je te prie, de la part de Dieu, de me dire où est la joie parfaite. » Et saint François lui répondit : « Quand nous arriverons à Sainte-Marie-des-Anges, ainsi trempés par la pluie et glacés par le froid, souillés de boue et tourmentés par la faim, et que nous frapperons à la porte du couvent, et que le portier viendra en colère et dira : « Qui êtes-vous ? » et que nous lui répondrons : « Nous sommes deux de vos frères », et qu'il dira : « Vous ne dites pas vrai, vous êtes même deux ribauds qui allez trompant le monde et volant les aumônes des pauvres; allez-vous en » ; et quand il ne nous ouvrira pas et qu'il nous fera rester dehors dans la neige et la pluie, avec le froid et la faim, jusqu'à la nuit, alors si nous supportons avec patience, sans trouble et sans murmurer contre lui, tant d'injures et tant de cruauté et tant de rebuffades, et si nous pensons avec humilité et charité que ce portier nous connaît véritablement, et que Dieu le fait parler contre nous, ô frère Léon, écris que là est la joie parfaite.

Éloge de la pauvreté

Ainsi donc, la lecture des écrits mystiques et des vies de saints rend manifeste qu'être chrétien ce n'est pas juste adhérer à un ensemble de valeurs morales ou encore se réfugier dans un sentiment d'appartenance à une culture ou à un rite. Être chrétien, c'est découvrir sa pauvreté et accepter de s'en remettre à Dieu et à Dieu seul. Nous pouvons en effet avoir tendance à idolâtrer la culture chrétienne : nous nous crispons sur la purification extérieure de la coupe, mais au-dedans nous sommes pleins de rapines et d'intempérance. « Pharisien aveugle! nettoie premièrement l'intérieur de la coupe et du plat, afin que l'extérieur aussi devienne net » (Mt 23,26).

Nous comprenons à travers les Évangiles et dans ces récits que Jésus n'attend qu'une chose : que nous acceptions notre totale dépendance. Comme un enfant qui ne peut se passer de son père. « Alors Jésus appela un petit enfant; il le plaça au milieu d'eux, et il déclara : "Amen, je vous le dis : si vous ne changez pas pour devenir comme les enfants, vous n'entrerez pas dans le royaume des Cieux" » (Mt 18,2).

Cette disposition du cœur nous permet de recevoir cette vérité absolue : « En dehors de moi, vous ne pouvez rien faire » (Jn 15,5).

Il y a, dans le christianisme, un véritable renversement des valeurs, un mouvement qui semble contraire à la logique humaine. « C'est ainsi que les derniers seront premiers, et les premiers seront derniers » (Mt 20,16). Et nous serons surpris. Nos raisonnements, même les plus pertinents, sont anéantis par la sagesse de Dieu. « Car mes pensées ne sont pas vos pensées, et vos chemins ne sont pas mes chemins, – oracle du Seigneur. Autant le ciel est élevé au-dessus de la terre, autant mes chemins sont élevés au-dessus de vos chemins, et mes pensées, au-dessus de vos pensées » (Is 55,8-9). Si bien que plus nous progressons dans la vie de foi, plus nous pouvons dire avec saint Paul : « Lorsque je suis faible, c'est alors que je suis fort » (2Co 12,10).

Quand on choisit le Christ, la misère, la pauvreté, l'indigence, la petitesse, l'enfance sont les seules voies du salut, du bonheur, de la paix et de la vraie joie. Si bien que la pauvreté est le bien le plus précieux. Plus précieux encore que respecter sagement tous les commandements. « À ces mots, le jeune homme s'en alla tout triste, car il avait de grands biens » (Mt 19,22).

Appauvris-moi de moi-même, Seigneur. Rends-moi humble.

En admettant qu'on est misérable, alors on lâche prise, on capitule devant Dieu, on plie le genou, on s'écroule devant sa majesté, on cesse de se débattre pour prouver aux autres, à nous-mêmes et parfois même à Dieu, qu'on vaut quelque chose. C'est alors que Dieu vient prendre toute la place. Sainte Thérèse de Lisieux le dit si bien :

> « Ma joie, c'est de rester petite
> Aussi quand je tombe en chemin
> Je puis me relever bien vite
> Et Jésus me prend par la main.
> Alors le comblant de caresses
> Je Lui dis qu'Il est tout pour moi
> Et je redouble de tendresses
> Lorsqu'Il se dérobe à ma foi. »

Et elle conclut ce joli texte par ce mot si doux : « Jésus, ma joie, c'est de t'aimer ! »

Il m'arrive de répéter : « Jésus je t'aime » et je m'accroche à ce « je t'aime », car je pressens que c'est ma seule richesse.

On lit dans *Le chemin du vrai bonheur*, écrit par un chartreux :

> « La pauvreté est une béatitude de l'amour qui aime et qui se sait aimé. Qui est plus pauvre que celui qui aime et qui est plus riche ? Il reçoit tout gratuitement, il dépend totalement de l'Aimé qui est sa joie, il ne se suffit absolument pas à lui-même. Il se sait rien, mais il voit avec évidence que le don qu'il fait de ce rien rend l'autre heureux. Notre pauvreté rend Dieu heureux car elle permet le don de son amour, et il ne veut que se donner. »

Il est nécessaire de se vider de soi-même pour aimer.

La parole de Dieu est très claire à ce sujet. Mais nous résistons. Nous acceptons d'être de bons catholiques, nous sommes parfois même rigoureusement catholiques et nous estimons que tout le monde devrait être comme nous, mais nous n'acceptons pas d'être pauvres.

Dieu permet alors des chutes, des déconvenues et il attend patiemment qu'une fois tombés bien bas, comme le fils prodigue dans la porcherie, nous nous souvenions de lui. « Je me lèverai, j'irai vers mon père, et je lui dirai : Père, j'ai péché contre le ciel et envers toi » (Lc 15,18).

Il nous arrive même de nous plaindre, de nous dévaloriser, de détester ce que nous sommes, nos faiblesses, nos bizarreries. Nous nous débattons avec ce que nous jugeons comme raté en nous. Mais si nous comprenions bien le message de l'Évangile, nous perdrions moins de temps à nous scruter sous toutes les coutures et nous nous jetterions dans les bras du Père. Nous pourrions même nous réjouir de ce que ces défauts nous obligent à moins compter sur nous-mêmes et à ne compter que sur Dieu seul. En effet, mes faiblesses sont gages d'humilité. Notre pauvreté est une bonne nouvelle. Nos pauvretés sont un atout. Nous n'avançons pas sur les chemins de la sainteté malgré les pauvretés mais grâce aux pauvretés ! Ce n'est pas « malgré », c'est « grâce », c'est la voie royale de la sainteté. Nous comprenons l'évangile complètement de travers. Toutes nos tares physiques, psychiques, et même spirituelles qui nous font nous sentir si à l'étroit, constituent justement cette « porte étroite ». Mes pauvretés ne sont pas un problème pour Dieu, elles sont un atout. Et d'ailleurs, lui-même est passé par ces chemins de pauvreté, de totale dépendance pour nous démontrer combien elles ne sont pas un obstacle. Passer neuf mois en totale dépendance dans le sein maternel de la Très Sainte Vierge Marie, dans une vulnérabilité totale, ce n'est pas un problème pour Dieu. Alors pourquoi c'en serait un pour nous ? Un problème, oui, mais pour notre orgueil. Un atout pour notre humilité.

« Mais pour moi-même, je ne me vanterai que de mes faiblesses », nous dit saint Paul (2Co 12,5). Se vanter de ses faiblesses ? Quelle idée ! Pourquoi dit-il une chose pareille ? La réponse se trouve un peu plus loin : « Il m'a déclaré : “Ma grâce te suffit, car ma puissance donne toute sa mesure dans la faiblesse.” C'est donc très volontiers que je mettrai plutôt ma fierté dans mes faiblesses, afin que la puissance du Christ fasse en moi sa demeure. » N'est-ce pas magnifique ? N'est-ce pas révolutionnaire ? Plus je suis misérable, plus le Christ prend la place ! Car la pauvreté, reconnue, acceptée, est la seule vertu qui puisse ouvrir l'accès au royaume de Dieu, à la richesse de Dieu.

Lorsque je suis pauvre, c'est alors que je suis riche.

Rien n'est jamais perdu

C'est pourquoi on peut affirmer qu'il n'y a pas plus « thérapeutique » ou encore plus éducatif que la foi chrétienne. Celui qui a vraiment la foi sait par exemple que, s'il n'est pas plus beau physiquement, c'est qu'être plus beau lui aurait été préjudiciable. Il aurait pu plonger dans une superficialité, dans la prétention, dans l'orgueil. Tout est dans la main de Dieu et le seul bien véritable, c'est l'humilité. C'est notre seule chance d'être heureux ici-bas et dans l'au-delà.

Notre chance à nous chrétiens, c'est que nous savons que la mort n'a jamais le dernier mot.

J'ai entendu trop de témoignages de personnes qui ont touché le fond et se sont relevées plus fortes et plus lumineuses. Ma vie elle-même témoigne de cette espérance. Rien n'est jamais perdu. Saint Paul le dit bien : « Là où le péché s'est multiplié, la grâce a surabondé » (Rm 5,20). Un éducateur salésien, mais également tout chrétien, doit avoir le recul de l'Éternité. Ce qui peut nous apparaître comme un échec, est un chemin de salut.

Reconnaître, accueillir, se réjouir

Pour parvenir à cette disposition du cœur, à cette prise de conscience de notre pauvreté et de notre dépendance, il est indispensable d'accepter notre conditionnement humain, la réalité de notre nature et faire le deuil d'un autre que nous ne serons jamais. Se réconcilier avec ce que nous sommes, sans se crisper, sans résister et sans fuir. Si j'ai une addiction à la pornographie, par exemple, je dois regarder en face cette pauvreté et reconnaître que je suis faible à cet endroit. Si je chasse le problème en le minimisant, je suis dans le déni, je ne peux me faire soigner, je ne peux avancer.

Dans un deuxième temps, accueillons cette fragilité et acceptons que nous en soyons prisonniers. Saint Paul était lui-même en combat permanent contre un vice : « J'ai reçu dans ma chair une écharde, un envoyé de Satan qui est là pour me gifler, pour empêcher que je me surestime », explique-t-il (2Co 12,7). Accueillir cet événement du réel, cette maladie, permet de mieux l'analyser, le circonscrire, l'étudier et laisser Dieu agir. Si je suis pornodépendant aujourd'hui, j'accueille cette épreuve de la dépendance pour mener le bon combat. En somme, comme dans la maladie : reconnaître les symptômes, et ne pas faire comme si on n'était pas malade. Il faut non seulement voir, mais aussi accepter pour pouvoir lutter avec lucidité. Quand on résiste, on s'ajoute une souffrance inutile.

J'aime ajouter une troisième étape plus difficile à expliquer, car il faut vraiment l'avoir expérimentée pour la saisir. Après avoir reconnu sa faiblesse et l'avoir accueillie, il s'agit maintenant de nous en réjouir. Se réjouir de l'addiction à la pornographie ? Certes non, pas en tant que tel. Il ne s'agit pas non plus de se réjouir du péché qui est toujours à combattre. Mais se reconnaître si faible conduit, avec la grâce de Dieu, à l'humilité, clef de la joie véritable. La vie même du Christ prouve combien c'est par ces meurtrissures qu'il nous sauve. Unir nos meurtrissures aux siennes devient véritablement vecteur de salut, pour nous et pour le monde entier. En effet, toute souffrance offerte contient une fécondité divine nous faisant participer aux mérites de la Passion. « Maintenant je trouve la joie dans les souffrances que je supporte pour vous ; ce qui reste à souffrir des épreuves du Christ dans ma propre chair, je l'accomplis pour son corps qui est l'Église » (Col 1,24).

Ainsi, telle tare, telle bizarrerie psychologique, telle maladie, telle épreuve, aussi détestable soit-elle, peut être vécue comme une opportunité qui nous permettra de nous unir au Christ. En effet :

– Je suis contraint par le réel de plier le genou. Or, « plie le genou et tu grandiras » dit le proverbe.

– Je juge un peu moins mon prochain car j'ai moi-même conscience de ma pauvreté. Finies les fanfaronnades.

– Je dois humblement admettre que j'ai besoin d'aide. Tout doucement, je peux redevenir cet enfant à qui le Seigneur nous demande de ressembler. La grâce de la dépendance.

Mieux vaut mourir cabossé mais humble qu'en parfaite sainteté apparente et bouffi d'orgueil. Comprenons aussi que le salut du monde est aussi en jeu dans cette affaire. « Toute âme qui s'élève, élève le monde », répétait Elisabeth Leseur, une mystique du XIXe siècle, dont le mari, fortement anticlérical, a tenté toute sa vie de lui faire perdre la foi. Après la mort de son épouse, Félix Leseur se convertira et deviendra frère dominicain. En effet, le fumier de notre épreuve est un terreau de fécondité pour nous-mêmes et au-delà des frontières de notre petite vie.

« Le sacrifice qui plaît à Dieu, c'est un esprit brisé ; tu ne repousses pas, ô mon Dieu, un cœur brisé et broyé », dit le psalmiste (Psaume 50). Non pas que le Seigneur soit un Dieu sadique qui se réjouit de nous voir humiliés et à terre. Ce qu'il souhaite, c'est que nous soyons disponibles à la grâce. « Fais-toi capacité et je me ferai torrent », dit Jésus à sainte Catherine de Sienne.

Et, au cas où nous n'aurions toujours pas compris, relisons le verset inaugurant la première prise de parole de Jésus dans le fameux discours sur la montagne au chapitre 5 de l'évangile de saint Matthieu : « Heureux les pauvres de cœur, car le royaume des Cieux est à eux. » Notons au passage que cette béatitude est au présent, contrairement aux autres qui sont au futur. Ce temps n'est pas choisi par hasard. Le pauvre est non seulement heureux ici-bas, mais il vit déjà de plain-pied dans le royaume des Cieux. Il est ce Ciel.

Naître de l'Esprit

Mais rien de tout cela n'est possible sans l'Esprit Saint. Nous le disions, la pauvreté de cœur est indispensable pour que Dieu puisse agir et faire sa demeure en nous, pour autant cet état est inaccessible sans l'Esprit Saint. Devenir pauvre est tout bonnement impossible si nous comptons sur nos propres forces.

Nous sommes créés par le Père.

Sauvés par le Fils.

Mais transformés, sanctifiés par l'Esprit.

« Ce qui est né de la chair est chair ; ce qui est né de l'Esprit est esprit. Ne sois pas étonné si je t'ai dit : il vous faut naître d'en haut. Le vent souffle où il veut : tu entends sa voix, mais tu ne sais ni d'où il vient ni où il va. Il en est ainsi pour qui est né du souffle de l'Esprit », lisons-nous dans le sublime dialogue entre Jésus et Nicodème (Jn 3,6-8).

Pour être ce pauvre, ce nourrisson fraîchement né, il faut naître d'en haut, c'est-à-dire naître du souffle de l'Esprit. Le Christ nous le rappelle à de nombreuses reprises dans l'Évangile et encore une fois nous ne voyons pas. Comment se fait-il que nous ne priions pas l'Esprit Saint à longueur de journée ? Comment se fait-il que l'Esprit Saint soit le parent pauvre de notre foi ? Un grand inconnu auquel on ne prête attention qu'une fois par an à la Pentecôte. Le drame de l'Église, c'est que nous n'implorons pas assez l'Esprit Saint.

Je ne résiste pas à poser ici les mots de Jésus à la bienheureuse Conchita dans lesquels il nous interpelle à ce sujet :

« L'Esprit Saint n'est pas vénéré comme il devrait l'être par tous et par l'Église entière, c'est pourquoi tous se lamentent et se désespèrent. Cette tristesse et cette affliction viennent de ce que l'on ne donne pas à l'Esprit Saint la primauté que moi, Jésus, je lui ai accordée lors de ma vie sur cette terre, moi qui le vénérais comme la troisième personne de la Trinité, comme l'Esprit de l'incarnation et comme l'Esprit de la fondation de l'Église.
Oui, ma fille, on ne manifeste à l'Esprit Saint qu'un amour tiède, on l'invoque sans aucune ferveur. Et même les cœurs qui se disent miens en arrivent à l'oublier. Mon Cœur en est très profondément blessé.
Il est temps à présent que l'Esprit Saint règne, non pas comme quelqu'un de lointain et de très élevé, mais comme une personne proche de chaque âme et de chaque cœur, il est temps qu'il règne dans mon Église.
Le jour où le feu de l'Esprit Saint coulera dans les veines de chaque pasteur, de chaque prêtre, au plus intime d'eux-mêmes, les vertus théologales, qui ont perdu leur force, la retrouveront chez tous ceux qui servent au sein de mon Église. Alors la face du monde sera changée, car tous les maux qui l'affligent sont dus à l'éloignement de l'Esprit Saint qui est l'unique remède. Il est grand temps que les ministres de mon Église réagissent et alors les âmes seront divinisées.

> Seul l'Esprit Saint peut redonner l'élan spirituel capable de relever mon Église de la prostration qui est la sienne. »

Depuis quand n'avons-nous pas invoqué l'Esprit Saint ? Quelle place tient-il dans notre vie ?

Et qui en parle ? Si on me demande de prêcher sur l'Esprit Saint, je ne vois pas comment refuser. Cela me paraît vraiment urgent car c'est seulement de notre abandon total à son action que dépendent notre sanctification et la sanctification du monde !

Alors, à nos « Jésus, je t'aime », « Jésus, j'ai confiance », que nous murmurons au cours de notre journée, ajoutons : « Viens Esprit Saint » ; ou encore cette sublime consécration à l'Esprit Saint donnée par Jésus à Conchita :

> Esprit Saint, reçois la consécration parfaite et absolue de tout mon être.
> Sois présent désormais dans chacun des instants de ma vie
> et dans chacune de mes actions.
> Sois mon directeur, ma lumière, mon guide, ma force et l'amour de mon cœur.
> Je m'abandonne sans réserve à tes opérations divines
> et veux être docile à toutes tes inspirations.
> Esprit Saint, transforme-moi avec Marie et en Marie en un autre Christ Jésus
> pour la gloire du Père et le salut du monde.
> Amen.

« Esprit Saint, reçois la consécration parfaite et absolue de tout mon être. » Cette phrase exprime l'abandon total. Un « oui » sans condition. Je ne sélectionne pas. J'accepte tout. Et je demande à Dieu d'être présent dans chacun des instants de ma vie.

« Sois mon directeur ». Le véritable directeur est celui qui me montre la bonne direction, le cap de l'amour infini.

« Je m'abandonne sans réserve ». Je donne tout, je ne garde rien pour moi-même. J'entre dans la docilité et la véritable obéissance. Comme le Christ sur les chemins du Golgotha, nous nous fixons un seul objectif : la gloire du Père et le salut des âmes. Pécher, c'est dévier de la cible. Devenir un saint, c'est chercher sans cesse à revenir dans l'axe.

Naître de Marie

Pour finir, tournons-nous vers Marie. De même que Jésus est né de l'Esprit. Il est né aussi de Marie. C'est donc l'action conjointe de l'Esprit Saint et de Marie qui nous transforme en un autre Christ.

> « Esprit Saint, transforme-moi avec Marie et en Marie en un autre Christ Jésus. »

Qu'est-ce que cela veut dire? Qu'être chrétien, c'est être le Christ. C'est devenir Christ. Plus haut, j'ai insisté sur l'importance de travailler avec Jésus, dans un côte à côte, mais nous sommes invités à bien plus grand encore : être lui. Ni plus ni moins. Alors nous ne sommes plus seulement côte à côte. Je suis lui, il est moi. Cependant, cette transformation, étape ultime du cheminement spirituel, n'est possible que par une consécration totale, un abandon total à l'action de l'Esprit Saint, en Marie et avec Marie.

Il ne s'agit même pas d'essayer de découvrir la volonté de Dieu, il s'agit d'être agi par la volonté divine. Totalement perméable à son action. Ne plus avoir un gramme de volonté propre en nous. Comme Marie. Marie n'a jamais voulu quelque chose pour elle-même. Il n'y a aucune autre ambition possible en Marie, depuis sa conception, que de vouloir ce que Dieu veut.

Offrir sa vie est très grand, c'est même ce que nous sommes tous appelés à faire, selon notre état. Mais offrir sa propre volonté ? C'est à mon sens le plus difficile ! Et pourtant, c'est l'unique accès à la vraie joie, à la vraie paix.

Au risque de choquer mes amis évangéliques et protestants, si je crois que cette transformation se fait par l'action de l'Esprit Saint, je crois également que rien n'est possible sans le concours de la Vierge Marie. Et Dieu veut cela. D'où la multiplication des apparitions de Marie à travers le monde. Elle prépare son peuple aux fins dernières. À nous, chrétiens, elle donne la mission d'être des oasis de joie, des rocs de paix pour nos contemporains qui vont être de plus en plus assaillis par le désespoir.

Si les chrétiens deviennent vraiment le Christ, par l'Esprit Saint, en Marie, alors le manque de prêtres ne sera même plus un problème. Nous mettrons le feu au monde. Son amour embrasera la Terre, car nous serons ses mains, ses oreilles, ses yeux, son regard, son corps physiquement parlant, nous serons sa présence réelle, nous serons son cœur, nous serons sa volonté, nous serons son âme, nous serons Dieu.

Table des matières

IMPRIM'VERT®

Achevé d'imprimer par CPI,
en avril 2023
N° d'imprimeur : 2071300

Dépôt légal : février 2023

Imprimé en France